아헨발이 들려주는 통계 이야기

NEW 수학자가 들려주는 수학 이야기 12
아헨발이 들려주는 통계 이야기

ⓒ 황종철, 2009

2판 1쇄 인쇄일 | 2025년 3월 26일
2판 1쇄 발행일 | 2025년 4월 9일

지은이 | 황종철
펴낸이 | 정은영
펴낸곳 | (주)자음과모음

출판등록 | 2001년 11월 28일 제2001-000259호
주소 | 10881 경기도 파주시 회동길 325-20
전화 | 편집부 (02)324-2347, 경영지원부 (02)325-6047
팩스 | 편집부 (02)324-2348, 경영지원부 (02)2648-1311
e-mail | jamoteen@jamobook.com

ISBN 978-89-544-5208-3 44410
       978-89-544-5196-3 (세트)

• 잘못된 책은 교환해 드립니다.

황종철 지음

NEW
수학자가 들려주는
수학 이야기
12

아헨발이 들려주는
통계 이야기

㈜자음과모음

추천사

수학자라는 거인의 어깨 위에서 보다 멀리, 보다 넓게 바라보는 수학의 세계!

 수학 교과서는 대개 '결과'로서의 수학을 연역적으로 제시하는 경향이 강하기 때문에 학생들은 수학이 끊임없이 진화해 왔다고 생각하기 어렵습니다. 그렇지만 수학의 역사는 하나의 문제가 등장하고 그에 대해 많은 수학자가 고심하고 이를 해결하는 가운데 새로운 아이디어가 출현해 온 역동적인 과정입니다.

 〈NEW 수학자가 들려주는 수학 이야기〉는 수학 주제들의 발생 과정을 수학자들의 목소리를 통해 친근하게 이야기 형식으로 들려주기 때문에 학생들이 수학을 '과거 완료형'이 아닌 '현재 진행형'으로 인식하는 데 도움이 될 것입니다.

 학생들이 수학을 어려워하는 요인 중의 하나는 '추상성'이 강한 수학적 사고의 특성과 '구체성'을 선호하는 학생의 사고 사이에 존재하는 간극이며, 이런 간극을 줄이기 위해서 수학의 추상성을 희석시키고 수학 개념과 원리의 설명에 구체성을 부여하는 것이 필요합니다.

 〈NEW 수학자가 들려주는 수학 이야기〉는 수학 교과서의 내용을 생동감 있게 재구성함으로써 추상적인 수학을 구체성을 갖는 수학으로 변모시키고 있습니다. 또한 중간중간에 곁들여진 수학자들의 에피소드는 자칫 무료해지기 쉬운 수학 공부에 윤활유 역할을 해 줄 것입니다.

〈NEW 수학자가 들려주는 수학 이야기〉의 구성을 보면 우선 수학자의 업적을 개략적으로 소개하고, 6~9개의 강의를 통해 수학 내적 세계와 외적 세계, 교실 안과 밖을 넘나들며 수학 개념과 원리를 소개한 후 마지막으로 강의에서 다룬 내용을 정리합니다.

이런 책의 흐름을 따라 읽다 보면 각각의 도서가 다루고 있는 주제에 대한 전체적이고 통합적인 이해가 가능하도록 구성되어 있습니다. 〈NEW 수학자가 들려주는 수학 이야기〉는 학교 수학 교과 과정과 긴밀하게 맞물려 있으며, 전체 시리즈를 통해 학교 수학의 많은 내용들을 다룹니다. 따라서 〈NEW 수학자가 들려주는 수학 이야기〉를 학교 수학 공부와 병행하면서 읽는다면 교과서 내용의 소화 흡수를 도울 수 있는 효소 역할을 할 것입니다.

뉴턴이 'On the shoulders of giants'라는 표현을 썼던 것처럼, 수학자라는 거인의 어깨 위에서는 보다 멀리, 넓게 바라볼 수 있습니다. 학생들이 〈NEW 수학자가 들려주는 수학 이야기〉를 읽으면서 각 수학자의 어깨 위에서 보다 수월하게 수학의 세계를 내다보는 기회를 삿기를 바랍니다.

홍익대학교 수학교육과 교수 |《수학 콘서트》 저자 박경미

책머리에

세상의 진리를 수학으로 꿰뚫어 보는 맛
그 맛을 경험시켜 주는 '통계' 이야기

　통계학을 배우지 않은 사람들조차 '통계적으로'라든지 '통계를 내다'라는 말을 쓰는 것을 쉽게 볼 수 있습니다. 이처럼 통계는 우리 생활과 밀접한 관련이 있습니다. 물가 지수나 실업률 같은 경제 현상을 나타내는 값은 물론 정당에 대한 유권자의 지지도, 특정 상품의 시장 점유율, 각종 제품의 생산량, 중고등학생의 학년별 신체 발달 상황 등 무수히 많은 예를 들 수 있습니다.

　통계학에서 다루는 문제는 크게 두 가지로 나뉩니다. 하나는 수집된 자료를 정리하고 그 내용을 특징짓는 몇 가지 값을 정해서 전체 모습을 파악하는 것입니다. 다른 하나는 자료를 표본으로 하여 얻어진 값을 이용해서 모집단의 특징을 나타내는 값을 추측하는 것입니다. 일기 예보의 비 올 확률이나 내년의 국민 총생산과 같은 정보는 수집된 자료를 근거로 미지의 사실을 예측한 수치입니다. 이와 같은 정보를 얻기 위해서는 통계의 도움이 필요합니다.

　이러한 입장에서 본다면 자료를 정확하고 신속하게 처리하는 능력에 관한 통계 지식을 기르는 것은 수학적 측면보다는 정보화 사회에서 건전한 삶을 누리는 소양으로써 필요한 것이라고 할 수 있습니다. 따라서 통계를 공부할 때는 수학적인 측면에서만 학습할 것이 아니라 사회, 자연 등의 소재와 관련하여 공부하는 것이 바람직합니다.

이 책은 학생들의 눈높이에서 바라본 통계학입니다. 물론 일부분은 학생들이 이해하기 힘든 것도 있지만 통계 전반을 교육 과정과 연계해서 요약해 두었습니다. 특히 많은 예를 통하여 통계적 지식을 이해할 수 있도록 하였고 그 필요성을 강조하였습니다. 이 책이 통계의 즐거움을 알아가는 데 조금이나마 도움이 되었으면 하는 바람입니다.

황종철

차례

추천사	4
책머리에	6
100% 활용하기	10
아헨발의 개념 체크	16

1교시
자료의 수집   23

2교시
종류와 척도에 따른 자료의 분류   43

3교시
줄기와 잎 그림과 빈도표를 활용한 자료의 정리   57

4교시
여러 가지 그래프를 활용한 자료의 표현   71

5교시
도수분포표와 그래프를 활용한 자료의 표현   89

6교시
상대도수와 누적도수를 활용한 자료의 표현   107

7교시
여러 가지 평균을 활용한 자료의 분석   131

1 이 책은 달라요

《아헨발이 들려주는 통계 이야기》는 독일의 통계학자인 아헨발이 통계의 기초에 관하여 들려주는 이야기입니다. 자칫 통계라고 하면 지겹고 고리타분하다고 생각할 수 있습니다. 하지만 이 책은 일상생활에서 접할 수 있는 다양한 통계적 상황을 많은 예를 통해 쉽게 풀어 설명하고 있습니다.

우리가 살아가는 21세기 정보화 사회에서는 하루에도 엄청난 양의 지식과 정보가 인터넷을 통하여 쏟아집니다. 우리는 정보의 홍수 속에서 최대한 좋은 정보만을 가지길 원합니다. 인터넷을 이용하다 보면 우연히 좋은 정보를 얻을 수도 있지만 그 반대의 경우도 허다합니다. 그래서 우리는 통계를 공부합니다.

통계에서 가장 중요시하는 것은 통계적으로 생각하는 것입니다. 통계적으로 사고하면 우연히 일어나는 일에 대해서 여러분 나름의 방안이 생길 것입니다. 이 책에는 초등학교부터 중학교까지 배우는 통계의 내용이 고루 들어 있습니다. 이 책을 잘 활용하여 일상생활에서 우연히 일어나는 일에 대해 여러분 나름의 대처 방안을 마련하기 바랍니다.

2 이런 점이 좋아요

① 초등학교부터 중학교까지의 통계 개념을 엮어서 많은 예를 들어 이야기 형식으로 설명하였습니다.

② 이 책은 학교 교육 과정 전반을 아울러서 학생들이 생각하는 방향과 수준에 맞게 내용을 선별하였습니다.

③ 이 책은 일상생활에서 실제 자료를 수집해서 분류하여 정리하는 일련의 통계 과정과 같은 형식으로 내용의 순서를 구성하였습니다.

④ 다양한 통계의 예와 상황을 통하여 통계의 개념을 학생들이 쉽게 이해할 수 있도록 하였습니다.

3 교과 연계표

학년	단원(영역)	관련된 수업 주제 (관련된 교과 내용 또는 소단원 명)
초 2~4	자료와 가능성	표와 그래프, 자료의 정리, 막대그래프, 꺾은선 그래프
중 1	자료와 가능성	통계

4 수업 소개

1교시 자료의 수집

- 선행 학습 : 오차(참값과 근삿값의 차이), 타당성, 신뢰성
- 학습 방법 : 일상생활에서 통계가 어떤 경우에 이용되는지 스스로 찾아보면서 통계의 필요성을 아는 것이 중요합니다. 통계를 처음 소개하면서 이와 관련된 기초 용어가 많이 등장합니다. 용어를 하나하나 익히는 것이 통계를 이해하는 데 도움이 됩니다. 통계 조사의 방법 중 표본조사의 특징을 정리하고 다양한 예를 알아봅니다.

2교시 종류와 척도에 따른 자료의 분류

- 선행 학습 : 빈도, 척도
- 학습 방법 : 통계 처리에 이용되는 자료가 다양하므로 자료의 특성과 예를 함께 정리하는 것이 바람직합니다. 자료를 조사하는 기준에 따라 자료의 척도가 달라지므로 각각의 척도에 적용되는 기준을 이해

하고 그 특성을 요약한 뒤 일상생활의 예를 찾아보는 것이 좋습니다.

3교시 줄기와 잎 그림과 빈도표를 활용한 자료의 정리

- **선행 학습** : 빈도, 질적 자료, 이산형 자료
- **학습 방법** : 통계의 일련의 과정에서 자료를 수집하고 정리하여 표현하는 방법으로 줄기와 잎 그림과 빈도표를 제시한 것입니다. 줄기와 잎 그림과 빈도표를 작성하는 방법을 익히고, 어떤 자료의 경우 줄기와 잎 그림으로 표현하고 어떤 자료를 빈도표로 나타내는 것이 효율적인가 생각하면서 공부하는 것이 좋습니다. 그리고 줄기와 잎 그림과 빈도표의 한계를 다시 한번 생각합니다.

4교시 여러 가지 그래프를 활용한 자료의 표현

- **선행 학습** : 줄기와 잎 그림, 빈도표
- **학습 방법** : 빈도표를 시각적으로 나타내는 방법으로 막대그래프, 꺾은선 그래프, 별 그림이 있습니다. 각각의 그래프가 가지는 특징을 알아보고, 특정한 자료가 주어질 때 어떤 그래프를 그리는 것이 자료의 특성을 가장 잘 나타낼지 생각하는 것이 좋습니다. 다양한 자료를 수집하여 여러 그래프를 그려 보도록 합니다.

5교시 도수분포표와 그래프를 활용한 자료의 표현

- **선행 학습** : 빈도표, 변량, 막대그래프, 꺾은선 그래프
- **학습 방법** : 자료의 개수가 적은 경우 보통 빈도표를 이용하지만 변량이 다양하게 분포되는 경우는 도수분포표로 나타냅니다. 여기서는 어떤 자료를 도수분포표로 나타내는 것이 좋은지 생각해 보고 도수분포표를 시각적으로 표현하기 위하여 히스토그램과 도수분포다각형을 그린다는 것을 알아야 합니다. 따라서 도수분포표로 만들어진 자료를 히스토그램과 도수분포다각형으로 나타내고 이들 사이의 관계를 비교하는 것이 좋습니다.

6교시 상대도수와 누적도수를 활용한 자료의 표현

- **선행 학습** : 백분율, 도수분포표, 히스토그램, 도수분포다각형
- **학습 방법** : 자료의 개수가 큰 경우 도수보다 비율로 나타내는 것이 효율적입니다. 자료를 정리하고 표현하는 방법으로 상대도수와 누적도수를 생각해 보고 이들의 장점에 대해 생각하는 것이 필요합니다. 어떤 경우에 상대도수와 누적도수가 필요한지 생각해 보고 적절한 자료를 상대도수와 누적도수로 나타내는 것이 필요합니다.

7교시 여러 가지 평균을 활용한 자료의 분석

- **선행 학습** : 평균, 도수분포표, 계급값, 가중치

- **학습 방법** : 자료의 특성을 하나의 값으로 나타내는 방법으로 대푯값을 생각할 수 있습니다. 중앙값, 최빈값, 평균이 가지는 한계를 생각해 보고 적절하게 대푯값을 사용하는 연습을 하는 것이 중요합니다. 여러 가지 평균을 구하는 방법을 이해하고 각각의 평균의 특성을 익히는 것이 필요합니다.

아헨발을 소개합니다

Gottfried Achenwall(1719~1772)

나는 독일 출신의 통계학자입니다. 주로 정치학을 공부하다가 '정치 통계학에 관한 강의'에 감명을 받아 통계학을 연구하게 되었습니다.

내가 1748년 괴팅겐 대학으로 초청되어 강의할 때 처음으로 통계학이라는 명칭을 사용했습니다. 나는 국가의 현 상태를 파악하기 위하여 관측할 사항을 체계화함으로써 근대 통계학 이전의 아헨발 학파를 이루었습니다. 나는 통계학이 국가학의 한 분야로 자리를 굳히게 하였습니다.

이런 까닭에 나는 '통계학의 아버지'라고 불립니다.

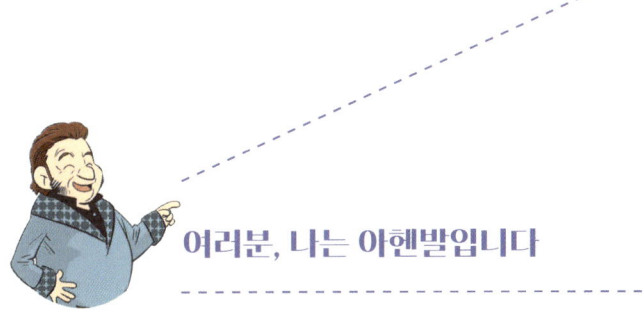

여러분, 나는 아헨발입니다

안녕하세요? 나는 여러분과 같이 통계를 공부할 아헨발입니다. 내가 살았던 시대는 중세의 암흑기를 벗어나 과학이 차츰 발전하던 시기입니다. 과학의 발전에 있어서 중요한 계기는 바로 베이컨에 의해 귀납적 사고방식의 중요성이 강조되면서부터입니다. **귀납적 사고방식**이란 관찰을 통해 과학적 법칙을 발견하여 많은 경험적 데이터를 분류하고 정리함으로써 새로운 지식을 얻는 방법을 말합니다. 통계학은 이러한 귀납적 사고를 토대로 합니다.

통계학은 여러 지역, 또 여러 방면에서 각각 독립적으로 생성되고 발전하다 20세기에 들어서 체계를 갖추게 됩니다. 통계학의 생성 지역과 분야는 대체로 세 가지로 구분할 수 있습니다. 영국에서의 정치 산술, 독일에서의 국상학 그리고 프랑스에서의 확률론이 그것입니다. 이 중 국상학이 내가 연구한 분야입니다. 이후 20세기에 들어오면서 피어슨, 고셋, 피셔 등에 의해서 근대 통계학이라 할 수 있는 추측통계학이 완성되어 학문적 체계를 이루게 됩니다.

국상학은 독일에서 발전한 학문입니다. 17세기 중엽 독일의 제켄도르프의 저서 《독일 왕국》은 국상학이 발달하는 계기가 됩니다. 제켄도르프는 저서에서 독일의 정치 및 행정에 관하여 서술하였습니다. 《독일 왕국》의 영향을 받은 헬름슈테트 대학의 교수인 콘링은 1660년 자택으로 학생들을 모아 정치가로서 알아야 할 소양으로 국토, 군사, 인구 및 행정에 관하여 강의를 시작합니다. 이것이 국상학의 시초입니다.

콘링 이후 약 1세기를 지나 이들의 영향을 받은 나는 처음으로 국상학이라는 용어를 사용하였습니다. 나는 국상학을 국가의 중요 사항을 기술하는 학문이라고 정의하고 토지, 주민, 지리적 사항, 산물, 인구, 국가의 역사, 헌법, 행정 조직 등으로 크게 구분하였습니다. 국상학파는 국가의 중요 사항을 오로지 서술적인 표현 방법에 의지하고 숫자 표현을 하지 않는 것이 특색입니다. 그러나 후에 계수나 표에 의해 국가의 중요 사항을 표시하는 표식통계학파라는 분파를 탄생시키게 되며 이것이 현재 관청 통계의 선구를 이루게 됩니다. 국상학에서 가장 위대한 공적을 남긴 학자는 조금 쑥스럽지만 괴팅겐 대학의 교수인 나, 아헨발입니다.

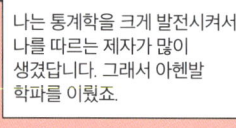

자료의 수집

일상생활에서 통계가 어떻게 사용되는지 알아봅니다.
경우에 따라 표본조사와 전수조사를
달리 사용하는 것을 알 수 있습니다.

수업 목표

1. 통계의 필요성을 알아봅니다.
2. 표본조사와 전수조사에 대해 알아봅니다.

미리 알면 좋아요

1. **오차** error 응용 수학에서 참값과 그 값의 추정값 또는 근삿값의 차이.
※ 국어사전으로 살펴본 '오차'의 개념
① (수학) 실지로 셈하거나 측정한 값과 이론적으로 정확한 값과의 차이.
② (수학) 참값과 근삿값과의 차이.
③ (물리) 물리량의 측정값과 참값의 차이
④ 실수 또는 잘못.

2. **타당성** 측정하고자 하는 것을 얼마나 실제에 가깝게 정확히 측정하고 있는가의 정도.

3. **신뢰성** 측정 도구가 측정하려는 것을 반복하여 측정했을 때 동일한 값을 얻을 가능성.

아헨발의 첫 번째 수업

    통계statistics는 라틴어의 국가status라는 단어에서 유래되었기 때문에 원래 국가 또는 정치와 밀접한 관계가 있는 분야입니다. 고대의 통치자들은 국가의 재정과 국토방위를 위해 국민들에게 세금을 걷고 병역의 의무를 부여했습니다. 이를 위해서 과세 대장, 토지 대장, 징병 대장 등을 만들 필요가 있었고 이때부터 통계 조사가 실시되었습니다.

　통계의 목표는 기본적으로 수집된 자료에서 유용한 정보를 이끌어 내는 것이라 할 수 있습니다. 즉, 통계란 우리가 알고자 하는 대상모집단에 대하여 자료표본를 수집하고 정리하여 앞으로의 일을 체계적으로 예상하는 것입니다. 그러면 통계는 국가의 운영과 같은 큰일에만 필요한 걸까요? 이제 여러분에게 몇 가지 질문을 할까 합니다.

　우리나라 학생들에게 가장 인기 있는 컴퓨터 게임은 과연 무엇일까요?

준오가 당연하다는 듯이 대답합니다.

"〈마인크래프트〉요."
그러면 학생들이 가장 좋아하는 만화는 무엇일까요?

이번엔 이진이가 대답합니다.

"〈명탐정 코난〉이요."
마지막으로 한 가지 더 질문을 하겠습니다. 현재 가장 인기 있는 가수는 누구입니까?

다시 이진이가 대답합니다.

"아이브요."
준오와 이진이가 대답한 것이 사실인지 아닌지 알아보기 위해서 우리나라 학생 전체를 조사할 수 있습니다. 하지만 이 경우 무엇이 문제가 될지 생각해 봅시다.

준오가 심각한 얼굴로 말합니다.

"에이……. 그걸 어떻게 다 물어봐요?"

물론 모든 학생에게 물어보면 시간이 오래 걸리고 돈이 많이 드는 등 여러 문제가 발생할 것입니다. 따라서 대부분의 경우 우리는 전체에서 일부분을 선택하여 조사합니다. 이때, 전체를 모집단, 선택된 일부분을 표본이라고 하고 전체를 조사하여 자료를 수집하는 것을 전수조사, 일부분만 조사하는 것을 표본조사라고 합니다.

쏙쏙 이해하기

(1) 모집단 : 정보를 얻고자 하는 대상 전체.
　　예 우리나라 중학생, 컴퓨터 게임, 가수
(2) 표본 : 모집단에서 선택된 일부분.
　　예 중학생 1000명, 컴퓨터 게임 중 플래시 게임, 그룹 가수
(3) 전수조사 : 모집단 전체를 조사하여 자료를 수집.
　　예 인구 조사, 반장 선거
(4) 표본조사 : 모집단의 일부분만 조사하여 자료를 수집.
　　예 식품 안전 검사, 대통령 선거 사전 조사, 시청률 조사

그러면 우리는 어떤 경우에 전수조사를 하고 어떤 경우에 표본조사를 할까요? 그리고 전체를 조사하지 않고 일부분만 조사해도 그 자료를 믿을 수 있을까요?

여러분이 과일 가게에서 과일을 산다고 생각해 봅시다. 과일

가게 아저씨가 오늘 딸기가 달고 싱싱해서 맛있다고 합니다. 살까 말까 망설이니 주인아저씨가 딸기 하나를 맛보라고 권합니다. 딸기를 먹어 보니 정말 달고 맛있습니다. 그런데 하나의 딸기가 달고 맛있다고 해서 과연 모든 딸기가 달고 맛있을까요? 그렇다고 모든 딸기를 다 먹을 수도 없고 여전히 망설여지는 경우를 여러분도 경험해 보았을 겁니다. 이 경우 전수조사를 하면 어떻게 될까요? 모두 다 먹어 봐야 하겠죠. 그러면 과일 가게에 딸기가 남아 있을까요? 그래서 이런 경우는 몇 개를 먹고 전체를 판단해야 합니다.

또 다른 예를 들어 보겠습니다. 3월에 새 학기가 시작되어 반장 선거를 하려고 합니다. 1학년 1반에서 반장 선거를 할 때 반 학생 전원을 대상으로 하지 않고 몇 명에게만 선거권을 주어 투표를 하면 정당할까요? 그렇게 반장을 뽑아도 아무런 문제가 없을까요?

전수조사를 통한 반장 선거의 결과와 표본조사를 통한 반장 선거의 결과를 비교해 보면 쉽게 알 수 있어요. 다음 장에 나오는 그림은 이 두 가지 방법을 반장 선거에 적용했을 때 나온 결과입니다.

전수조사를 통한 반장 선거 결과 / 표본조사를 통한 반장 선거 결과

　위의 그림을 보면 왼쪽은 1학년 1반 34명의 학생 전원이 투표를 한 경우이고, 오른쪽은 18명의 학생만 뽑아서 투표를 한 경우입니다. 34명 모두가 반장 선거에 참여한 경우 기호 1번 강솔하 학생이 반장으로 당선되었습니다. 반면 18명의 학생이 반장 선거에 참여한 경우 기호 3번 오병수 학생이 반장으로 당선되었습니다. 전수조사를 하지 않고 표본조사를 한다면 반장이 뒤바뀌는 경우가 생길지도 모릅니다. 반장 선거와 같이 모집단이 작고 자료를 수집하기 편리한 경우 대개 전수조사를 실시합니다. 그러나 대부분의 통계는 모집단에서 표본을 선택하여 조사하는 것이 일반적입니다.

　표본조사는 전수조사에 비해 시간은 물론 경제적으로도 훨씬

더 효율적인 것이 사실입니다. 실제로 농촌 가축 현황 조사의 경우 표본조사가 전수조사보다 더 정확한 것으로 나타났습니다. 이상한가요? 어떻게 전체를 조사하는 것보다 일부분을 조사하는 것이 더 정확할 수 있을까요? 잘 이해가 되지 않는다고요?

전수조사는 조사 대상이 많은 경우 시간이 많이 걸립니다. 오랜 시간 동안 조사하다 보면 각 마을마다 가축 수의 변화가 많을 것입니다. 전국의 가축 수를 조사하는 동안 처음 가축의 수를 조사한 마을에서 가축이 죽거나 혹은 새끼를 낳아 그 수의 변동이 일어날 것입니다. 또한 산간 지역이나 섬 같은 경우 조사의 어려움도 상당수 있을 것입니다. 이런 경우 전수조사보다 표본조사를 통해 일부 지역의 농촌을 대상으로 가축 수를 조사하여 우리나라 전체의 가축 수를 예측할 수 있습니다. 더욱이 오늘날 통계가 발전하면서 표본조사의 정교함으로 인해 대부분 굳이 전수조사를 할 필요가 없어졌습니다. 그러나 인구 조사와 대통령 선거와 같이 국가의 중요한 사항은 예외적으로 전수조사를 실시하기도 합니다.

표본조사가 정확하기 위해서는 자료를 수집하는 목적이 분명해야 하며, 측정된 자료가 주어진 목적에 적합한지 타당성을 고려해야 합니다. 타당성이란 말이 생소하지요? 쉽게 예를 하나 들어 보겠습니다. 학교에서 학생들을 대상으로 지능 검사를 한다고 합시다. 지능 검사는 주어진 문제들을 제한된 시간 내에 얼마나 정확하게 풀 수 있는가에 의해 학생의 지적 능력을 숫자로 표현한 것입니다. 만약 지능 검사지의 문제가 중국어로 되어 있다면 학생들의 지적 능력과는 상관없이 중국어 능력에 따라 IQ가 결정될 것입니다. 그러면 IQ가 제대로 측정되기 힘들겠죠. 이는 타당성이 결여된 검사지입니다. 이뿐만 아니라 학생의 다양한 능력이 주어진 검사지에 의하여 제대로 측정되는가를 한 번쯤 생각해 볼 필요가 있습니다. 과연 정서적·신체적 능력은 고려의 대상이 되는지 그리고 타고난 능력은 어떻게 측정할 것인지 생각해 보아야 합니다. IQ가 학생의 지적 능력을 측정하는 적절한 측정 방법인가에 대하여 여러 면에서 검토해 보아야 할 것입니다.

또한 표본조사가 정확하기 위해서는 신뢰성을 고려해야 합니다. 측정의 신뢰성은 한 대상에 대한 측정값이 얼마나 일관되고 안정적으로 얻어지는가에 관한 것입니다. 무슨 말인지 모르겠다고요? 예를 들어 보겠습니다. 여러분의 집에 저울이 있다고 합시다. 여러분이 어떤 물건의 무게를 잴 때마다 값이 다르게 측정된다면 이 저울은 신뢰성이 없습니다. 마찬가지로 시험을 칠 때마다 학생의 점수가 큰 폭의 변동을 보이는 경우, 이 시험은 신뢰성이 떨어진다고 말할 수 있습니다.

만약 자료의 신뢰성이 보장된다고 할지라도 표본조사는 표본을 임의로 선택하여 일어나는 표본오차를 수반합니다. 미국에서 2001년 메이저리그 올스타를 뽑는데 인터넷 사이트를 통

하여 팬 투표를 하였습니다. 메이저리그 홈페이지에 일본인들의 몰아주기 투표로 이치로 선수가 선발되었습니다. 미국 프로야구 사무실에서는 한때 조사를 중단할 것까지 고려하였습니다. 이것은 올스타를 뽑는 데 투표하는 사람의 지역이 편중되었기 때문에 조사의 오차가 생긴 예입니다.

또 여름날 수박을 살 때 굳이 위쪽을 잘라 보여 주는 과일 가게 아저씨는 햇빛을 많이 받는 윗부분이 아래보다 더 잘 익었다는 것을 알고 있기 때문입니다. 이 또한 위치가 편중되어 있다고 할 수 있습니다.

그럼 어떻게 하면 표본오차를 줄일 수 있을까요? 우선 표본을 선택할 때 모집단의 특정 부분에 치우치지 않게 자료를 뽑는 것이 중요합니다. 때로는 모집단을 잘 대표하지 못하는 표본을 얻을 수 있으므로 표본 추출 과정에서 조심해야 합니다. 또한 표본의 크기를 크게 하면 조사 결과의 변동을 작게 할 수 있고 모집단의 대표성을 향상시킬 수 있습니다. 그러나 이 경우 경비가 증가하고 시간적 제약이 있다는 것을 고려해야 합니다.

이제 표본오차를 줄이기 위하여 표본을 선택하는 방법에는 어떤 것들이 있는지 알아봅시다. 모집단에서 표본을 선택할 때, 모집단에 속한 모든 자료가 표본으로 채택될 확률이 동일한 상태에서 임의로 선택하는 방법을 생각할 수 있습니다. 일정한 시간대에 TV의 각 채널별 시청률을 조사하기 위해 서울시 전 가구 중에서 무작위로 600가구를 선택하고 전화 조사를 실시하는 경우가 그 한 예입니다. 시장 조사에서는 종종 자료를 임의로 선택하여 어느 상품의 잠재 고객의 성향을 조사하기도 합니다. 예를 들면 자동차의 색상에 대한 잠재 고객의 선호도, 음식 향의 종류에 따른 기호도 등을 알아보는 것입니다. 공장에서 납품된 제품 중 얼마를 임의로 선택하고 그 불량 여부를 조사하여 전체 제품의 불량률을 추측하기도 합니다.

이렇게 모집단에서 자료를 임의로 뽑아 표본을 구하는 방법은 매우 단순하지만 실제로 대규모 표본조사에서는 사용하기가 어렵습니다. 왜 그럴까요? 만약 전국 규모의 조사라면 전 국민에 대한 목록을 얻을 방법이 없습니다. 설사 목록을 얻는다 할지라도 표본으로 뽑힌 사람들이 전국에 흩어져 분포하므로 선택된 사람을 접촉하는 데 엄청난 노력이 듭니다. 조사원의 수도 많이 필요하고 비용 또한 만만치 않으며 짧은 기간 내에 조사를 마치기도 쉽지 않습니다. 실생활에 있어서 임의로 표본을 뽑는 방법은 소규모 조사나 예비 조사에서 주로 사용됩니다.

모집단의 구성이 다양한 경우 대표성을 확보하기 위해 집단에 여러 가지 층을 내어 표본을 선택하는 방법이 있습니다. 먼저 모집단을 서로 겹치지 않는 여러 개의 동질적인 집단인 층으로 나눈 후, 각 층별로 임의로 자료를 선택하여 표본을 뽑는 방법입니다. 이것은 실제로 가장 널리 사용되는 기법 중 하나입니다.

첫 시간부터 어려운 내용이 너무 많은 것 같아 쉬운 예를 하나 더 들어 볼까 합니다. 전국의 마트에서 판매되는 음료수의 월간 판매량을 조사하고자 합니다. 매장 규모별 전국 마트의 현황이 아래와 같이 주어져 있다고 합시다.

	매장 규모		
	소($99m^2$ 미만)	중($99m^2$~$331m^2$)	대($331m^2$ 이상)
마트 수	60000개	50000개	500개

대부분의 마트는 그 규모가 작거나 중간 정도이고 아주 소수의 몇몇 마트만이 대규모임을 알 수 있습니다. 하지만 몇 안 되는 대규모 마트의 음료수 판매량은 전체 판매량에서 차지하는 비중이 무시할 수 없는 상당한 규모입니다. 이 경우 임의로 표본을 선택하는 방법을 사용한다면, 대규모이든 소규모이든 각 마트 하나하나가 표본으로 뽑힐 확률이 모두 동일합니다. 그러면 상대적으로 숫자가 적은 대규모 마트가 표본으로 뽑힐 가능성이 매우 낮습니다. 대규모 마트가 표본으로 전혀 뽑히지 않

은 상태에서 마트의 음료수 판매량을 조사한다면 그 결과가 실제의 판매량에 비해 상당히 과소평가될 것입니다.

이와 같이 모집단의 분포가 한쪽으로 치우쳐 있는 경우에는 매장 규모의 층을 만들어 층별로 자료를 선택하면 전체 모집단의 특성을 더욱 잘 반영해 주는 표본을 얻을 수 있습니다. 따라서 소규모, 중규모, 대규모 매장에서 각각 임의로 자료를 동일한 수만큼 뽑아서 음료수 판매량을 조사하면 전체를 조사하지 않고도 집단의 특성을 잘 반영할 수 있습니다. 이와 같이 표본 조사의 경우 다양한 방법으로 조사의 정확성을 높이기 위한 노력을 합니다.

지금까지 알아본 바와 같이 통계는 우리의 일상과 아주 밀접한 관련을 맺고 있습니다. 통계학자들이 일상생활에서 통계 조사를 하는 데 있어 효율성과 정확성을 동시에 확보하기 위해 많은 노력을 한다는 것을 잘 알겠죠? 다음 시간에는 수집된 자료를 분류하고 정리하는 방식에 대하여 공부하도록 하겠습니다.

수업 정리

❶ 통계란 우리가 알고자 하는 대상에 대하여 자료를 수집하고 정리하여 앞으로의 일을 체계적으로 예상하는 것입니다.

❷ 일상생활에서 정보를 얻고자 하는 대상 전체를 모집단이라 하고, 모집단에서 선택된 일부분을 표본이라 합니다. 통계 조사에서 모집단 전체를 조사하여 자료를 수집하는 경우를 전수조사라 하고, 모집단의 일부분만 조사하여 자료를 수집하는 경우를 표본조사라고 합니다.

❸ 표본조사의 정확성을 높이기 위해서는 자료를 수집하는 목적이 분명해야 하며 타당성과 신뢰성이 보장되어야 합니다.

2교시

종류와 척도에 따른 자료의 분류

통계의 목적에 따라 자료를 분류하는 기준이 달라집니다.
자료의 다양한 종류와 분류 기준, 그 예에 대해 알아봅니다.

수업 목표

1. 자료 분류의 중요성을 알아봅니다.
2. 여러 가지 자료 수집의 척도를 알아봅니다.

미리 알면 좋아요

1. **양적 자료** 수로 표현된 자료.

2. **이산형 자료** 셀 수 있는 것에 의해 얻어진 자료.

3. **연속형 자료** 측정 과정을 통해 일정한 구간 내의 값이 얻어진 자료.

4. **질적 자료** 어떤 기준에 의해서 분류될 수 있는 성질에 관한 자료.

5. **빈도** 똑같은 것이 되풀이되는 수.

6. **척도** 측정의 수준이나 기준.

아헨발의 두 번째 수업

통계학의 가장 기본적인 요소 가운데 하나가 정보입니다. 자료를 수집하여 분류, 분석하고 해석할 정보가 우리 주변에 없다면 통계적인 방법의 이용이나 연구가 불가능합니다. 흔히 통계학에서 이용하는 정보를 자료라고 합니다. 합리적인 의사 결정을 하기 위해서는 적절한 방법으로 자료를 수집하여 조직하고 표현해야 합니다. 다시 말해 자료의 종류에 따라서 이용할 수 있는 분석 방법이 달라집니다.

통계 처리에 이용되는 자료는 크게 양적 자료와 질적 자료로 나눌 수 있습니다.

양적 자료는 수로 표현된 자료를 말합니다. 양적 자료는 다시 이산형 자료와 연속형 자료로 나누어집니다. 계속 용어가 나오니 이해하기 어렵죠? 쉽게 풀어서 이야기해 보겠습니다. 여러분의 집에는 가족이 몇 명이나 있습니까?

"엄마, 아빠, 동생 그리고 저 이렇게 4명이 있어요."

"저희 집은 엄마, 아빠, 저까지 3명이 살아요."

그렇군요. 여러분이 지금 대답한 것과 같이 가족의 수처럼 셀 수 있는 것을 통해서 얻어진 자료가 이산형 자료입니다. 다른 질문을 하나 하겠습니다. 지금 여러분의 키는 얼마입니까?

"며칠 전 학교에서 신체 검사 시간에 키를 쟀어요. 저는 그때 151cm였어요."

"저는 오래전에 153cm였는데 최근에 키를 잰 적이 없어 정확히는 잘 모르겠어요."

그렇군요. 여러분의 키는 가족의 수와는 달리 셀 수 있는 것이 아니라 도구에 의해서 측정할 수 있는 자료입니다. 이처럼 키, 몸무게, 속도, 시간 등과 같이 일정한 구간 내의 값을 측정을 통해 얻은 자료를 연속형 자료라고 합니다.

질적 자료는 몇 가지 기준이나 속성에 의해서 분류될 수 있는 성질에 관한 자료를 말합니다. 여러분의 혈액형은 무엇입니까?

"O형이요."

"저는 B형이에요."

"저는 AB형이에요."

그렇군요. 여기 있는 모든 학생의 혈액형은 A형, B형, O형, AB형으로 나눌 수 있습니다. 이처럼 어떤 기준을 가지고 대상을 분류할 수 있는 것이 질적 자료입니다. 성별남, 여이나 색깔빨강, 파랑, 노랑 등 그리고 종교불교, 기독교, 이슬람교 등 등으로 대상을 나눈다면 이는 모두 질적 자료입니다.

쏙쏙 이해하기

┌ 양적 자료 ┌ 이산형 자료 ⑳ 가족 수, 인구, 휴대폰 판매량
│   └ 연속형 자료 ⑳ 키, 몸무게, 시간
└ 질적 자료 ⑳ 혈액형A형, B형, O형, AB형

반면에 통계 처리에 이용되는 자료를 빈도 자료와 측정 자료로 나누기도 합니다.

빈도 자료는 어떤 집단에 속하는 대상의 수를 나타낸 것이므로 이산형 자료입니다. 예를 들어, 준오의 필통 속에 있는 필기

구 수를 조사한다고 합시다. 준오가 필통 속에 있는 물건을 이야기해 볼래요?

"네, 필통 속에는 샤프 2개, 연필 3개, 지우개 1개, 볼펜 4개가 있어요."

그렇군요. 이들 필기구는 준오의 필통 속에 있는 대상 하나하나이면서 각각의 개수를 나타내는 빈도가 있습니다. 따라서 필통 속의 필기구 개수를 나타내는 자료는 빈도 자료입니다.

아헨발의 두 번째 수업

한편 측정 자료는 우리가 조사하려는 대상이 가지는 특성의 크기를 어떤 기준을 정하여 측정해서 얻은 자료입니다. 어떤 자료를 조사할 때 사용하는 척도기준에 따라서 이름척도, 순서척도, 구간척도, 비율척도로 구분합니다. 질문을 하나 하지요. 여러분은 자신의 주민등록번호를 기억합니까?

"예, 기억해요. 컴퓨터로 온라인 게임을 하려면 ID를 만들 때 꼭 필요하거든요."

"아니요. 저는 기억이 안 나요."

여러분의 주민등록번호는 마치 이름과 같이 여러분에게 하나씩 존재합니다. 그런데 주민등록번호는 다른 사람과 겹치지만 않는다면 다른 수로 바꾸어도 상관이 없습니다. 이는 여러분의 이름이나 별명과 같이 붙여 준 숫자입니다. 이를 통계에서는 이름척도명목척도라고 합니다. 집의 우편번호나 차량 번호, 아파트의 동·호수도 같은 이름척도입니다. 이러한 숫자의 차이는 양이 많고 적음을 나타내지 않습니다. 다시 말해 아파트의 동·호수의 숫자가 크다고 해서 더 크거나 좋은 집을 의미하지 않습니다. 그리고 그 숫자끼리 더하거나 빼는 것 또한 의미가 없습니다. 이렇게 이름척도로 구한 자료는 순서를 정하거나 셈을 하는 것이 의미가 없습니다.

  자료를 수집할 때 순서를 중요하게 생각하는 경우도 있습니다. 아래 자료는 국화중학교의 가을 체육 대회에서 전교생이 1000m 달리기를 하고 기록 시간에 따라 1등부터 10등까지 순위를 매겨 놓은 것입니다.

1000m 달리기 기록 시간	
이름	기록 시간
민수	4분 19초
예은	8분 20초
준오	5분 36초
정호	4분 29초
⋮	……
동헌	6분 02초
다혜	9분 47초
상민	4분 38초
이진	5분 09초
경준	8분 32초

1000m달리기 순위	
순위	이름
1	경훈
2	민수
3	소연
4	정민
5	정호
6	영진
7	상민
8	서연
9	민구
10	이진

이와 같이 순위를 정해 놓은 이름척도를 순서척도서열척도라고 합니다. 순서척도의 각 등수는 측정된 사람이 서로 다른 수준임을 보여 줍니다. 그러나 기록 시간을 보지 않고 단지 순위만 보아서는 순서척도에 포함되는 각 수준 간의 차를 나타내기는 어렵습니다. 즉, 1등이 2등보다 기록이 얼마만큼 좋은지 알 수 없고 1등과 2등, 2등과 3등의 차이도 알 수 없습니다. 이렇게 순서척도에서는 자료의 등수는 의미가 있지만 등수 사이의 간격이 같지 않아 셈을 하는 것은 의미가 없습니다.

　다른 예를 들어 보겠습니다. 기말고사 수학 성적의 등급이 수, 우, 미, 양, 가라고 합시다. 여러분은 모두 수, 우, 미, 양, 가 중에 하나를 받게 될 것이고 이는 각각 순서가 있습니다. 그러나 수를 받은 학생과 우를 받은 학생 간의 격차를 나타내기는 어렵습니다. 수를 받은 학생이 우를 받은 학생보다 2배만큼 공부를 잘한다고 해석할 수도 없습니다. 또한 한 회사에서 사장, 전무, 이사, 부장, 과장, 대리의 직급도 이와 같은 순서척도입니다.

　각 수준 간의 합과 차를 계산할 수 있는 순서척도를 구간척도등간척도라 합니다. 구간척도는 양적인 자료이며 두 값의 합과 차는 의미를 가지지만 곱은 의미를 가지지 않습니다. 예를 들어 지능 검사에서 IQ가 150이 나온 사람은 100이 나온 사람보다 50점이 더 높다고 할 수 있습니다. 하지만 IQ가 150인 사람이 100인 사람보다 1.5배만큼 똑똑하다고 할 수는 없습니다.

또한 구간척도는 측정한 속성이 없는 상태를 나타내는 0점을 항상 가지고 있지는 않습니다. 섭씨온도는 구간척도의 한 예입니다. 만약 여러분이 0℃가 열이 전혀 없을 것이라고 생각하고 겨울에 0℃의 물에 발을 담근다면 감기에 걸릴지도 모릅니다.

측정한 속성이 없음을 의미하는 0점을 가진 구간척도를 비율척도라고 합니다. 비율척도에서는 합과 차뿐만 아니라 몇 배가 되는지의 계산도 의미를 갖습니다. 예를 들어 학용품의 길이를 잰다고 합시다. 지우개는 8cm, 볼펜은 16cm라고 하면 볼펜은 지우개 길이의 2배입니다. 따라서 우리는 볼펜이 지우개에 비하여 2배 길다고 할 수 있습니다. 그리고 만약 지우개를 다 써 버린다면 지우개의 길이는 0cm가 될 것입니다. 이렇게 물건의 길이는 합과 차뿐만 아니라 곱도 의미를 지닙니다.

통계에서 이용되는 자료는 그 측정 기준에 따라 다양하게 분류됩니다. 우리는 통계의 목적에 맞는 자료를 적절한 기준에 맞게 수집하고 분류해야 할 것입니다.

> **쏙쏙 이해하기**
>
> ┌ 빈도 자료 ㉠ 필통 속 필기구 개수
> └ 측정 자료 ┬ 이름척도 ㉠ 주민등록번호, 차량 번호
> 　　　　　 ├ 순서척도 ㉠ 달리기 등수, 성적 등급
> 　　　　　 ├ 구간척도 ㉠ 온도, IQ 점수
> 　　　　　 └ 비율척도 ㉠ 키, 길이

이번 시간에는 자료의 종류에 따라 적절하게 자료를 분류하는 방법에 대하여 배웠습니다. 다음 시간에는 자료를 다양한 방법으로 정리하여 표현하는 방법을 배우도록 하겠습니다.

수업정리

❶ 합리적인 의사 결정을 하기 위해서는 적절한 방법으로 자료를 수집하여 조직하고 표현해야 하는데 자료의 종류에 따라서 이용할 수 있는 분석 방법이 달라집니다. 따라서 자료의 종류를 구분하는 것은 통계에서 꼭 필요한 기본적인 활동입니다.

❷ 통계에서 이용되는 자료는 크게 양적 자료와 질적 자료로 나뉘며 양적 자료는 이산형 자료와 연속형 자료로 나뉩니다. 또한 통계 처리에 이용되는 자료를 빈도 자료와 측정 자료로 나누기도 합니다.

❸ 통계의 목적에 맞는 자료를 수집하기 위하여 어떤 자료를 조사할 때 특정한 척도를 사용합니다. 사용하는 척도에 따라 이름척도, 순서척도, 구간척도, 비율척도로 나눌 수 있습니다.

3교시

줄기와 잎 그림과 빈도표를 활용한 자료의 정리

자료를 읽기 쉽게 정리하는 방법에는 무엇이 있을까요?
줄기와 잎 그림, 빈도표를 활용해
자료를 정리하는 방법을 알아봅니다.

수업 목표

1. 줄기와 잎 그림을 활용하여 자료를 정리해 봅니다.
2. 빈도표를 활용하여 자료를 정리해 봅니다.

미리 알면 좋아요

1. **원자료** 정리되지 않은 일련의 자료.

2. **빈도** 자료에서 어떤 범위에 속하는 값이 발생한 전체 횟수.

아헨발의 세 번째 수업

 일상생활에서 여러분이 알고 싶은 자료를 수집하여 일정한 형태로 정리하면 자료가 가지는 특징을 쉽게 분석할 수 있습니다. 이것이 자료를 정리하는 가장 큰 이유 중 하나입니다. 정리되지 않은 일련의 자료들을 원자료라고 합니다. 원자료를 정리하는 가장 기본적인 방법은 순서대로 정리하는 것입니다. 이러한 아이디어를 가지고 자료를 정리하는 방법이 줄기와 잎 그림입니다.

 줄기와 잎 그림은 자료의 값에서 큰 단위를 줄기로, 작은 단위를 잎으로 하여 세로에는 줄기를 표시하고 가로에는 각 줄기에 해당하는 잎을 적어 넣어서 만든 그림입니다. 아래 그림은 수학 성적을 줄기와 잎 그림으로 나타낸 것입니다.

```
5 | 7 3 9
6 | 8 3 2 6 5 1 7
7 | 1 5 7 3 4 8 5 4 0
8 | 4 7 1 5 9 6 7
9 | 1 8 4 3
```

수학 성적의 줄기와 잎 그림

줄기와 잎 그림을 그리기 위해서는 먼저 가장 큰 값과 가장 작은 값을 찾아서 줄기의 크기를 결정해야 합니다. 이때 줄기의 수에 따라 자료의 특성이 잘 나타날 수도 있고, 그렇지 않을 수도 있습니다. 그러므로 줄기의 수를 잘 결정해야 의미 있는 정리를 할 수 있습니다.

위의 그림은 10점을 단위로 줄기를 정하고 1점을 단위로 잎을 만들어 줄기와 잎 그림을 그린 것입니다. 따라서 10점 단위에 해당하는 점수의 개수를 비교할 수 있는 동시에 1점 단위의 수를 읽을 수 있어 원래 자룟값도 알 수 있습니다.

다른 예를 통하여 줄기와 잎 그림을 그리는 과정을 보겠습니다. 아래 자료는 해성이네 반 학생의 윗몸 일으키기 횟수를 기록한 것입니다. 윗몸 일으키기 기록에서 가장 큰 값은 46이고, 가장 작은 값은 11이므로 줄기를 10회를 단위로 하여 1, 2, 3, 4로 정하겠습니다. 그다음 세로선을 긋고 세로선의 왼쪽에 결정한 줄기의 숫자를 씁니다. 그리고 세로선의 오른쪽에 각 줄기에 해당하는 잎의 숫자를 쓰면 됩니다.

13, 27, 32, 40, 41, 25, 34, 11, 19, 25, 22, 34, 33, 40, 16, 27, 38, 43, 39, 30, 23, 26, 46, 37, 34, 29

완성된 줄기와 잎 그림은 아래와 같습니다. 보통 잎은 자료가 기록된 순서대로 나열하는데, 오른쪽과 같이 크기 순서대로 나열하면 읽는 것이 보다 편리합니다. 물론 정리하는 시간과 노력은 더 필요하겠죠.

```
1 | 3 1 9 6                    1 | 1 3 6 9
2 | 7 5 5 2 7 3 6 9            2 | 2 3 5 5 6 7 7 9
3 | 2 4 4 3 8 9 0 7 4          3 | 0 2 3 4 4 4 7 8 9
4 | 0 1 0 3 6                  4 | 0 0 1 3 6
```

윗몸 일으키기 줄기와 잎 그림   정렬된 윗몸 일으키기 줄기와 잎 그림

줄기와 잎 그림을 그리는 순서

① 줄기와 잎을 정합니다.
② 세로선을 긋고, 세로선 왼쪽에 줄기의 숫자를 씁니다.
③ 세로선의 오른쪽에 잎의 숫자를 씁니다.
④ 줄기와 잎 그림에 알맞은 제목을 붙입니다.

줄기와 잎 그림을 이용해서 두 집단의 자료를 비교하는 것도 가능합니다. 아래의 표는 1반과 2반의 수학 성적을 나열한 것입니다.

1반	2반
52, 79, 79, 91, 65, 78, 77, 88, 75, 87, 85, 63, 74, 84, 82, 50, 72, 80, 61	100, 62, 71, 72, 92, 84, 52, 64, 94, 95, 84, 75, 85, 97, 77

1반과 2반의 수학 성적을 다음 그림과 같이 이중 줄기와 잎 그림으로 나타내면 두 학급의 성적을 비교하기 좋습니다.

1반		2반
2 0	5	2
5 3 1	6	2 4
9 9 8 7 5 4 2	7	1 2 5 7
8 7 5 4 2 0	8	4 4 5
1	9	2 4 5 7
	10	0

두 학급의 수학 점수

위의 자료를 보면 2반에 유일하게 100점이 있습니다. 그리고 1반은 80점 이하가 대부분인 반면에 2반은 대체로 성적이 고르게 분포되어 있습니다. 이중 줄기와 잎 그림은 2개의 자료를 동일한 기준으로 비교하기에 적당합니다. 이렇게 줄기와 잎 그림은 원자료의 값을 순서대로 잎과 줄기로 구분하고 나열하여 자료의 분포 상태를 분석하기 좋은 그림입니다.

우리가 연구하려는 원자료의 자료의 수가 많으면 순서대로 정리하는 것이 힘들 뿐 아니라 정리된 자료를 이해하는 것도 어렵습니다. 따라서 원자료를 정리하기 위해서 일반적으로 표를 이용합니다. 다음 자료는 경훈이네 반 학생들이 가고 싶은 체험 학습 장소를 조사한 것입니다.

자료에 따르면 각 장소에 가고 싶은 학생 수는 마법의 집 6명, 산 6명, 병원 3명, 촬영장 4명, 우유 공장 1명입니다. 이렇게 자료에서 어떤 범위에 속하는 값이 발생한 전체 횟수를 빈도라고 합니다. 빈도는 질적 자료나 이산형 자료를 나타내기에 적합합니다. 아래의 표는 자료를 정리하여 같은 자료의 개수를 빈도로 표현한 빈도표입니다.

장소	마법의 집	산	병원	촬영장	우유 공장	계
학생 수(명)	6	6	3	4	1	20

다른 예를 하나 더 들어 보겠습니다. 다음은 학생들이 좋아하는 과일을 표로 나타낸 것입니다.

정민	수박	원석	사과	재영	사과	정아	딸기	주혁	포도
혜정	포도	현주	수박	성빈	딸기	동민	수박	하은	수박
지영	사과	지은	수박	수영	사과	지원	딸기	은주	수박
유경	포도	승일	사과	종윤	딸기	재은	딸기	연진	사과

학생들이 좋아하는 과일

학생들이 좋아하는 과일은 딸기, 수박, 사과, 포도 중 하나입니다. 각 과일을 좋아하는 학생 수를 세어서 표로 정리하면 빈도를 쉽게 알 수 있습니다. 위의 자료를 빈도표로 나타내면 다음과 같습니다.

좋아하는 과일	딸기	수박	사과	포도
도수	5명	6명	6명	3명

학생들이 좋아하는 과일

빈도표를 보면 어떤 과일을 몇 명이나 좋아하는지 학생들이 좋아하는 과일의 선호를 한눈에 알아볼 수 있습니다. 반면에 학생 개개인이 좋아하는 과일에 대해서는 알 수 없다는 단점이 있습니다. 따라서 자료를 정리해서 표로 나타낼 때 표현하려는 의도에 맞게 표를 작성하는 것이 중요합니다.

이상에서 알아본 바와 같이 가공되지 않은 원자료를 정리하여 표현하는 방법에는 줄기와 잎 그림과 빈도표가 있습니다. 다음 시간에는 좀 더 다양한 방법으로 자료를 표현하는 것에 대해 생각해 보겠습니다.

수업정리

❶ 자료를 수집하여 일정한 형태로 정리하면 자료가 가지는 특성을 쉽게 분석할 수 있습니다.

❷ 원자료를 정리하는 가장 기본적인 방법으로 줄기와 잎 그림이 있습니다. 이것은 자룟값에서 큰 단위를 줄기, 작은 단위를 잎으로 정리하여 나타낸 그림입니다.

❸ 자료에서 어떤 범위에 속하는 값이 발생한 전체 횟수를 빈도라고 하고 자료의 개수를 빈도로 표현한 것을 빈도표라고 합니다.

❹ 자료를 정리하여 줄기와 잎 그림이나 빈도표로 표현할 때 자료를 표현하려는 의도에 맞게 나타내는 것이 중요합니다.

4교시

여러 가지 그래프를 활용한 자료의 표현

자료를 나타내는 데 여러 가지 그래프를 이용할 수 있습니다.
자료의 특성에 맞는 그래프는 어떤 것이 있는지 알아봅니다.

수업 목표

1. 그림그래프를 활용하여 자료를 표현해 봅니다.
2. 막대그래프를 활용하여 자료를 표현해 봅니다.
3. 꺾은선 그래프와 별 그림을 활용하여 자료를 표현해 봅니다.

미리 알면 좋아요

1. **그림그래프** 자료의 특성을 시각적으로 나타내기 위해서 그림을 이용하여 그래프로 나타내는 방법.

2. **막대그래프** 빈도를 막대로 나타내어 자료의 크기를 쉽게 비교할 수 있도록 한 그래프.

3. **꺾은선 그래프** 빈도를 점으로 나타내어 자료의 크기와 변화량을 쉽게 비교할 수 있도록 한 그래프.

4. **별 그림** 꺾은선 그래프를 별 모양의 그래프로 나타낸 것.

아헨발의
네 번째 수업

　원자료를 가장 간단하게 정리하는 방법은 표를 이용하는 것입니다. 그렇지만 자료의 특성을 잘 반영하여 이를 알기 쉽게 표현하기 위해서는 보통 그래프를 활용합니다. 그래프는 자료를 시각적으로 나타냄으로써 표와는 다른 특성을 부각시킬 수 있는 장점이 있습니다.
　다음은 2005년 우리나라에서 도별로 기르고 있는 소의 마릿수를 표로 나타낸 것입니다.

도	강원도	경기도	경상남도	경상북도	전라남도	전라북도	제주도	충청남도	충청북도
머릿수	14만	35만	23만	40만	29만	20만	3만	28만	15만

위의 표를 이해하기 쉽도록 시각적으로 표현해 봅시다. 자료의 특성을 더욱 잘 나타내기 위해서 지도 위에 그림으로 빈도를 나타내겠습니다. 소의 마릿수를 10만 마리는 🐄, 1만 마리는 🐄로 표현하겠습니다. 그리고 각각 도별로 기르고 있는 소의 마릿수를 지도 위에 나타내면 다음과 같습니다.

도별 소의 마릿수(2005년)

위의 그림을 보면 제주도를 제외한 우리나라 전역에서 소를 고루 기르고 있다는 것을 알 수 있습니다. 물론 각 도별로 소를 기르는 마릿수를 구하려면 일일이 소 그림의 숫자를 헤아려야 하지만 도별로 소를 기르는 분포는 빈도표보다 쉽게 파악할 수 있습니다.

  이와 같이 자료의 특성을 시각적으로 나타내기 위해서 그림을 이용하여 그래프로 나타내는 것을 그림그래프라고 합니다. 그림그래프는 표에 비하여 지역의 특성에 따른 분포를 한눈에 표현할 수 있습니다. 그리고 표에는 나타나지 않는 각 도별 위치도 강조할 수 있습니다. 이렇게 그림그래프는 표를 시각적으로 나타내면서 자료를 쉽고 재미있게 표현할 수 있고 많은 정보를 그림으로 표현할 수 있습니다.

그림그래프를 그리는 순서

(1) 빈도표를 작성합니다.
(2) 빈도를 잘 나타낼 수 있는 적절한 그림을 그립니다.
(3) 빈도를 그림과 함께 수로 표현합니다.

어떤 자료의 경우는 그림그래프보다 막대 형태의 그래프로 나타내는 것이 보다 효율적입니다. 아래의 그림은 명준이가 등교하는 길에 본 자동차입니다.

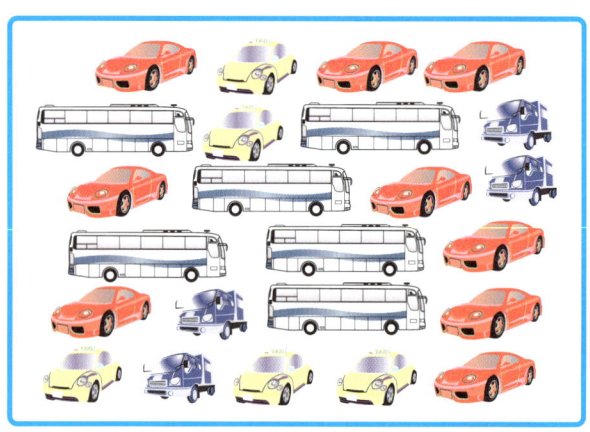

명준이가 본 자동차를 버스, 승용차, 택시, 트럭으로 분류하여 자동차 수를 세어 표를 만들어 보겠습니다.

종류	버스	승용차	택시	트럭	계
자동차 수(대)	6	9	5	4	24

위의 표를 막대 형태의 그래프로 그려 보겠습니다.

명준이가 등굣길에 본 자동차

막대그래프는 빈도를 막대로 나타내어 자료의 크기를 쉽게 비교할 수 있도록 한 그래프를 말합니다. 막대그래프의 가로와 세로에 들어가는 값은 정해진 것은 아니지만 보통 가로에는 버스, 승용차, 택시, 트럭과 같은 이름척도에 의해 수집된 자료를 나타내고 세로에는 빈도를 표시합니다.

쏙쏙 이해하기

막대그래프를 그리는 순서

(1) 가로와 세로 중에서 조사한 수를 어느 쪽에 나타낼 것인지를 정합니다.
(2) 조사한 수 중에서 가장 큰 수까지 나타낼 수 있도록 눈금 한 칸의 크기를 정한 후, 눈금의 수를 정합니다.
(3) 조사한 수에 맞게 막대를 그립니다.
(4) 막대그래프에 알맞은 제목을 붙입니다.

막대그래프는 필요에 따라서 하나의 자료를 표현할 수도 있고 두 개 이상의 자료를 비교해서 표현할 수 있습니다. 아래의 자료는 국화중학교와 새롬중학교 1학년 1반 학생을 대상으로 학생들이 좋아하는 계절을 조사하여 막대그래프로 나타낸 것입니다.

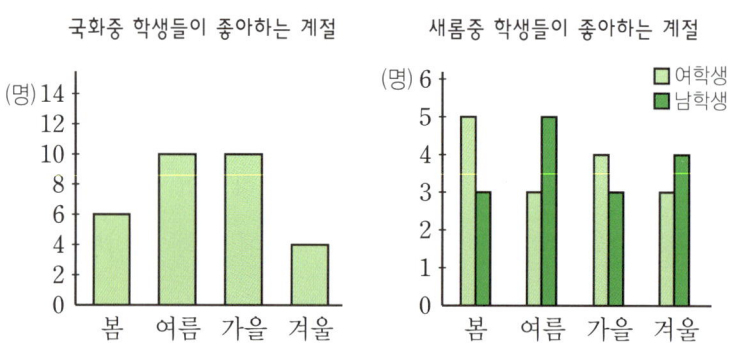

국화중학교는 남학생만 재학하고 새롬중학교는 남녀 공학입니다. 왼쪽은 국화중 1학년 1반 학생 30명을 대상으로 좋아하는 계절을 막대그래프로 표현한 것이고 오른쪽은 새롬중학교 1학년 1반 학생 30명을 대상으로 좋아하는 계절을 이중 막대그래프로 나타낸 것입니다.

막대그래프는 빈도표에 비하여 시각적으로 빈도를 잘 표현할 수 있어 자료의 값이 한눈에 들어옵니다. 또한 이중 막대그래프는 두 집단의 특성을 한꺼번에 나타내어 비교할 수 있습니다.

그래프에 의하면 국화중 학생들은 봄과 겨울보다 여름과 가을을 좋아하는 것으로 나타났고, 새롬중 학생들은 봄, 여름, 가을, 겨울을 고르게 좋아하는 것으로 나타났습니다. 특히 새롬중학교 남학생들은 여름과 겨울을 더 좋아하고 여학생들은 상대적으로 봄과 가을을 더 좋아하는 것으로 나타났습니다.

막대그래프는 그림그래프와 결합하여 종종 표현되기도 합니다. 아래의 그림은 그림그래프와 막대그래프를 결합시킨 막대형 그림그래프입니다.

초등학교 6학년 학생들의 평균 키

위의 그래프에서 초등학교 6학년 학생들의 평균키가 1970년에 남학생은 145cm, 여학생은 147cm인데 2000년에는 남학생이 151cm, 여학생이 153cm입니다. 그래서 남학생과 여학생 모두 평균키가 증가한 것으로 나타났습니다. 그리고 1970년부터 2000년에 이르기까지 초등학교 6학년의 여학생이 남학생보다 키가 큰 것으로 나타났습니다. 이렇게 그림그래프와 막대그래프를 혼합하여 학생들의 키의 변화량을 재미있게 그래프로 표현할 수 있습니다.

막대그래프와 비슷한 형식의 그래프로 꺾은선 그래프가 있습니다. 꺾은선 그래프는 막대그래프와 비교하여 시간에 따른 자료의 변화를 나타낼 때 사용합니다. 아래의 그림은 시간에 따른 온도의 변화를 막대그래프로 나타내고 이를 다시 꺾은선 그래프로 나타낸 것입니다.

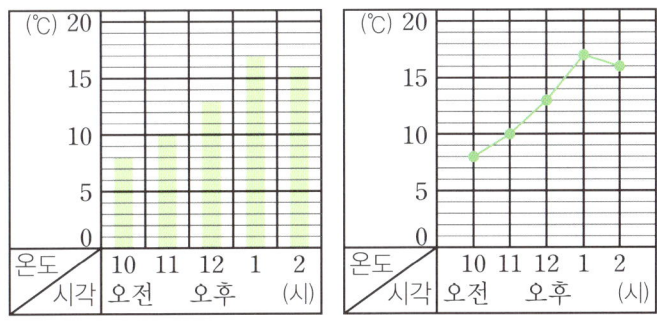

위의 그래프에서 알 수 있듯이 꺾은선 그래프에서 가로축은 시간을 나타내고, 세로축은 조사하려는 값을 나타냅니다. 또 그래프의 기울어진 정도에 따라 값의 변화를 파악할 수 있습니다. 그래프를 보면 시간이 증가함에 따라 온도가 계속 올라가다 1시를 정점으로 떨어지는 것을 알 수 있습니다. 그리고 온도가 가장 급격히 올라가는 시간이 12시에서 1시 사이인 것을 알 수 있습니다. 꺾은선 그래프는 기본적으로 막대그래프와 그리는 방식이 유사하지만 막대그래프에 비하여 변화량을 더욱 선명하게 나타낼 수 있는 장점이 있습니다.

꺾은선 그래프를 그리는 순서

(1) 가로, 세로의 눈금에 나타낼 것을 정합니다.
(2) 세로 눈금 한 칸의 크기를 정합니다. 이때, 가로, 세로의 눈금을 각각 몇 개씩으로 할 것인지 알 수 있습니다.
(3) 조사한 내용을 가로, 세로의 눈금에서 각각 찾아, 만나는 자리에 점을 찍습니다.
(4) 점을 선분으로 잇습니다.

꺾은선 그래프에서 변화량을 더욱 강조하고자 할 때 물결선 ≈을 넣는 경우도 있습니다. 세로 눈금 한 칸에 대한 크기를 작게 잡고, 필요 없는 부분을 ≈으로 줄여서 꺾은선 그래프를 그리면 변화하는 모양을 뚜렷이 나타낼 수 있습니다.

다음에 나오는 왼쪽 그래프에서 식물은 일요일부터 토요일까지 계속 키가 자라고 있습니다. 특히 목요일과 금요일 사이에 식물의 키가 가장 많이 자랐고 수요일과 목요일 사이에는 키가 자라지 않은 것으로 나타났습니다. 그리고 오른쪽 꺾은선그래프와 같이 2개 이상의 자료를 하나의 그래프에 나타내면 요일에 따른 식물의 키를 서로 비교할 수 있습니다. 3개의 식물 모두 일요일과 토요일 사이에 식물의 키가 자란 것으로 나타났습니다. 특히 가장 진한 녹색을 나타내는 식물은 일요일에는 가장 작았지만 일주일 뒤 토요일에는 가장 많이 자란 것을 알 수 있습니다.

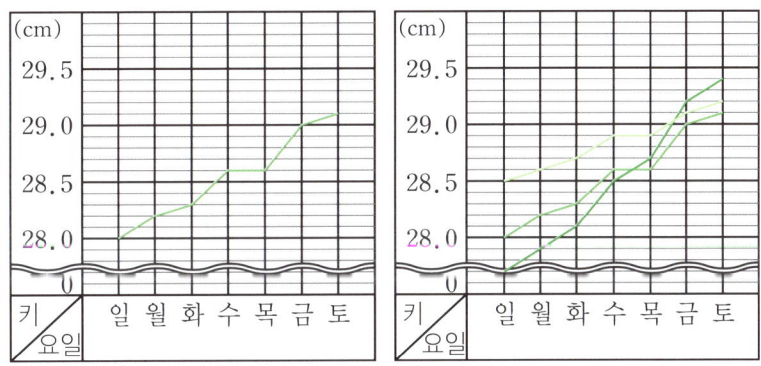

식물의 키

꺾은선 그래프는 좀 더 다른 형태로도 나타낼 수 있습니다.

꺾은선 그래프를 별 모양의 그래프로 나타낸 것을 **별 그림**이라고 합니다.

왼쪽 그래프는 월별 최신형 휴대폰 가격의 변동을 나타냅니다.

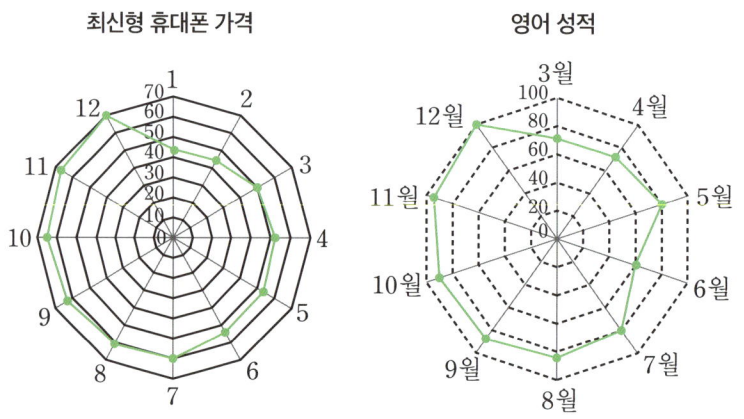

월별 최신형 휴대폰의 가격은 1월부터 12월까지 가격이 꾸준히 상승하는 것을 알 수 있습니다. 오른쪽 그래프는 준오의 월별 영어 성적의 변화를 나타냅니다. 영어 성적에 대한 그래프에서 6월을 제외하고 월별 성적 향상이 뚜렷이 보이는 것을 알 수 있습니다.

쏙쏙 이해하기

별 그림을 그리는 순서

(1) 밖에 기준이 되는 값과 안에 자료를 표시할 값을 정합니다.
(2) 중심점을 정하고 세로 눈금 한 칸의 크기를 정합니다.
(3) 꺾은선 그래프에서 가로에 표시한 값을 시계 방향으로 해당하는 위치에 표시합니다.
(4) 조사한 내용을 그물형의 눈금에서 각각 찾아, 만나는 자리에 점을 찍습니다.
(5) 점을 선분으로 잇습니다.

별 그림도 꺾은선 그래프와 같이 2개 이상의 자료를 함께 그려 서로 비교하기에 좋습니다. 아래의 그래프는 1반과 2반의 과목별 성적을 별 그림으로 나타낸 것입니다. 2개의 별 그림으로 1반과 2반의 성적을 비교할 수 있지만 두 그림을 합치면 비교가 더욱 선명해진다는 것을 알 수 있습니다.

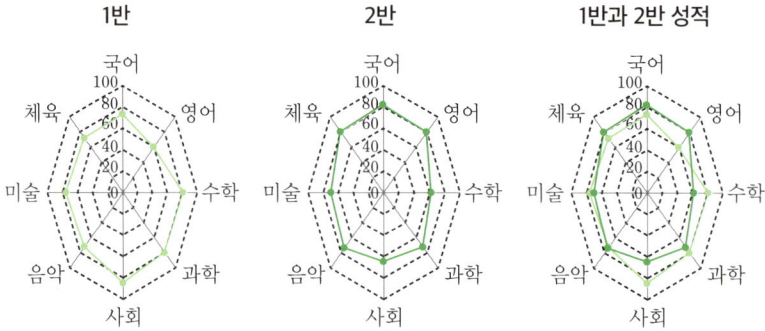

1반과 2반의 성적을 비교해 보면 1반은 2반에 비하여 수학, 과학, 사회, 미술의 성적이 뛰어난 반면 2반은 국어, 영어, 체육의 성적이 뛰어나다는 것을 알 수 있습니다.

이번 수업에서는 일상생활에서 수집하고 분류한 자료를 특성에 맞게 표현할 수 있는 방법을 배웠습니다. 원자료를 그냥 제시하기보다 표나 그래프로 제시하는 것이 자료의 특성을 강조하기에 좋습니다. 그림그래프, 막대그래프, 꺾은선 그래프, 별 그림 중 자료를 표현하는 데 가장 좋은 것을 고를 수는 없습니다. 다만 자료의 특성을 고려하여 그것을 가장 잘 표현할 수 있는 표나 그래프는 여러분이 선택할 수 있을 것입니다. 열심히 공부해서 자료의 성격에 따라 최선의 방법으로 자료를 표현할 수 있기 바랍니다. 다음 시간에는 또 다른 방법으로 자료를 표현하는 방식을 공부하겠습니다.

수업정리

❶ 빈도표를 시각적으로 표현하는 방법에는 막대그래프, 꺾은선 그래프, 별 그림이 있습니다.

❷ 막대그래프는 빈도를 막대 형태로 나타내어 시각적으로 표현한 그래프이고, 꺾은선 그래프는 막대그래프에 비하여 변화량을 강조한 그래프입니다. 별 그림은 꺾은선 그래프를 별 모양의 그림으로 나타낸 것으로 성적, 다중 지능과 같이 동일한 대상에 대하여 자룟값을 비교하기에 좋습니다.

5교시

도수분포표와 그래프를 활용한 자료의 표현

어떤 종류의 자료인가에 따라 도수분포표, 히스토그램, 도수분포다각형을 활용해 자료를 표현할 수 있습니다.

수업 목표

1. 빈도표와 도수분포표의 차이점을 알아봅니다.
2. 막대그래프와 히스토그램의 차이점을 알아봅니다.
3. 막대그래프와 도수분포다각형의 관계를 알아봅니다.

미리 알면 좋아요

1. **변량** 자료를 수량으로 나타낸 것.

2. **계급** 변량을 일정한 간격으로 나눈 구간.

3. **계급의 크기** 계급으로 나눈 구간의 비.

4. **도수** 계급에 속하는 자료의 수.

5. **계급값** 각 계급의 가운데 값.

아헨발의 다섯 번째 수업

　빈도를 이용해 자료를 정리하는 표에는 빈도표와 도수분포표가 있습니다. 빈도표는 자료를 일정한 범위로 묶지 않고 하나하나의 빈도를 나타낸 것이고, 도수분포표는 자료를 구간으로 나누어 개수를 나타낸 것입니다. 일반적으로 수집된 자료가 적은 경우 빈도표로 나타내고, 수집된 자료가 많은 경우에는 자료를 적당한 크기로 나누어 분류하여 도수분포표로 나타냅니다. 도수분포표로 나타내기 위해서는 보통 자료가 구간척도나 비율척도이어야 합니다. 그렇지 않은 경우에는 수집된 자료가 많은 경우라도 대부분 빈도표로 나타냅니다.

다음은 이진이네 반 학급 문고에 있는 책의 종류를 조사하여 나타낸 표입니다.

종류	위인전	동화책	과학책	학습 만화	합계
책 수(권)	3	12	7	8	30

위의 표에 나타난 책의 종류는 각각 이름척도에 의해 수집된 자료입니다. 따라서 이러한 자료는 빈도표로 나타내는 것이 바람직합니다.

'한류 열풍으로 아시아 관광객 급증'이라는 기사를 본 준오는 한 해 동안 우리나라를 방문하는 외국인의 수가 얼마나 되는지 알고 싶었습니다. 아래의 자료는 2006년 한 해 동안 우리나라를 방문한 관광객의 수를 나타낸 것입니다.

국적별 입국자 수

(단위 : 명)

나라	관광객 수	나라	관광객 수	나라	관광객 수	나라	관광객 수
네덜란드	15096	몽골	32580	호주	65491	캐나다	85612
뉴질랜드	17119	베트남	41791	우즈베키스탄	11512	태국	89752

독일	65740	스웨덴	10295	이탈리아	16612	프랑스	41021
러시아	59786	싱가포르	71018	인도	37065	필리핀	67941
말레이시아	74467	영국	70192	인도네시아	36152	중국	65355

(출처 : 통계연보 2006년)

위의 표는 우리나라를 방문한 외국인의 수를 나라별로 알아보는 데는 편리하지만 전체 분포 상태를 알아보는 데는 불편합니다. 여러분에게 질문을 하나 하겠습니다. 나라별 관광객 수가 10000명 이상 25000명 미만인 나라는 몇 개국인가요?

"네덜란드, 뉴질랜드, 스웨덴, 우즈베키스탄, 이탈리아 이렇게 5개국이에요."

네, 맞습니다. 관광객 수가 10000명에서 25000명인 나라는 5개입니다. 이처럼 관광객이 많고 적은 게 어떤 나라인지에 관심을 가지는 것이 아니라 나라별 관광객 수가 10000명 이상 25000명 미만인 나라의 개수에 관심을 가질 때, 즉 관광객 수에 따른 나라의 분포에 관심을 가실 때는 도수분포표로 나타내면 편리합니다.

관광객 수(명)	나라 수(개국)
10000이상 ~ 25000미만	5
25000 ~ 40000	3
40000 ~ 55000	2
55000 ~ 70000	5
70000 ~ 85000	3
85000 ~ 100000	2
합계	20

위의 표는 나라별 관광객 수를 10000명부터 100000명까지 15000명 간격으로 구분하고 각 구간에 해당하는 나라 수를 나타낸 것입니다. 예를 들어 위의 표에서 '25000~40000'은 관광객 수가 25000명 이상 40000명 미만인 구간을 나타낸 것입니다. 이와 같이 자료를 정리하여 표로 나타내면 관광객 수의 규모에 따른 나라의 분포 상태를 쉽게 알아볼 수 있습니다.

도수분포표를 나타낼 때는 항상 원자료에서 어떤 값을 구간으로 표현할지 고민해야 합니다. 앞 시간에도 이야기했지만 자료를 표현하는 방식은 여러 가지입니다. 여러 표현 방식 중 조사하는 사람의 의도를 가장 잘 나타내는 방법으로 표현하는 것이 중요합니다.

앞의 자료에서 관광객 수와 같이 자료를 수량으로 나타낸 것을 변량이라고 합니다. 그리고 변량을 10000명 이상 25000명 미만, 25000명 이상 40000명 미만, …… 85000명 이상 100000명 미만과 같이 일정한 간격으로 나눈 구간을 계급이라 합니다. 계급으로 나타내는 순간 원자료의 데이터는 새로운 방식으로 가공되어 표현됩니다. 계급으로 나눈 구간의 너비를 계급의 크기라고 하는데 위의 표에서 계급의 크기는 15000명입니다. 또 각 계급에 속하는 자료의 수를 그 계급의 도수라 하고 각 계급의 가운데 값을 그 계급의 계급값이라고 합니다.

쏙쏙 이해하기

$$(계급값) = \frac{(계급의\ 양\ 끝값의\ 합)}{2}$$

앞 표의 계급의 도수는 차례로 5, 3, …… 2입니다. 또 계급의 크기는 15000명이고, 각 계급의 계급값은 차례로 17500명, 32500명, …… 92500명입니다. 이와 같이 주어진 자료를 몇 개의 계급으로 나누고 각 계급의 도수를 조사하여 나타낸 표를 도수분포표라고 합니다.

앞에서 배운 줄기와 잎 그림은 자료를 정리하여 이를 줄기와 잎으로 나누어 그래프로 나타내기 때문에 자료 하나하나의 값을 알 수 있습니다. 반면 도수분포표는 계급을 나누어 자료를 정리하고 이를 도수로 나타내기 때문에 자료 하나하나의 값을 알 수 없습니다. 예를 들어 위의 표에서 10000명 이상 25000명 미만인 나라의 수가 5개국이라는 것은 알지만 구체적으로 어떤 나라가 그에 해당하는지는 알 수 없습니다. 도수분포표는 전체 관광객 수에 따른 나라의 분포 상태는 잘 나타내지만 나라별 입국자 수는 자료를 정리한 후에는 알 수 없습니다. 따라서 수집된 자료를 목적이나 용도에 따라 알맞게 정리하여 이를 나타낼 수 있는 방법을 정하는 것은 매우 중요한 일입니다.

도수분포표에 관한 또 다른 예를 하나 들어 봅시다. 여러분의 한 달 용돈은 얼마입니까?

준오가 대답합니다.

"제 한 달 용돈은 9000원이에요."

준오는 한 달 동안 받는 용돈이 많다고 생각하나요, 적다고 생각하나요?

"적다고 생각해요."

그러면 용돈을 올려 받으려고 할 때 어머니를 어떻게 설득하면 좋을까요?

준오는 심각하게 고민하고 대답합니다.

"저는 반 학생들의 용돈을 받는 정도를 도수분포표로 정리하여 어머니께 보여 드릴까 해요."

아래의 표는 준오가 같은 반 학생을 대상으로 작성한 도수분포표입니다.

한 달 용돈(원)

한 달 용돈(원)	도수(명)
5000이상 ~ 10000미만	4
10000 ~ 15000	7
15000 ~ 20000	15
20000 ~ 25000	10
25000 ~ 30000	4
합계	40

어떤 자료를 표로 나타내는 것보다 그래프로 나타내는 것이 자료의 분포 상태를 보다 쉽게 알아볼 수 있습니다. 준오가 어머니께 용돈을 올려 달라고 표를 보여 드리는 것보다 그래프로 제시하는 것이 어머니가 한눈에 알아보기 좋고 자신의 용돈이

적음을 강조할 수 있을 것입니다.

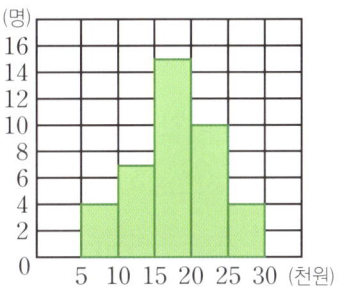

이와 같이 계급별로 자료를 모으고 각 계급의 도수를 그래프로 나타낸 것을 **히스토그램**이라고 합니다. 앞에서 배운 막대그래프와 비슷하다고요? 막대그래프는 막대의 폭이 의미가 없지만 히스토그램은 각 직사각형의 가로의 길이가 계급의 크기로 정해져 있습니다. 히스토그램에서 계급의 크기는 일정하므로 각 직사각형의 넓이는 계급의 도수에 정비례합니다. 이때 각 계급의 도수가 히스토그램의 각 직사각형 막대의 높이를 결정합니다. 막대그래프와 히스토그램은 모두 막대의 높이로 자료의 크기를 나타낸다는 공통점이 있습니다. 하지만 일반적으로 막대그래프는 이산량을 나타낼 때 사용하고 히스토그램은 연속량을 나타낼 때 사용합니다.

히스토그램을 그리는 순서

(1) 가로축에 계급의 양 끝값을 표시합니다.
(2) 세로축에 도수를 표시합니다.
(3) 각 계급의 크기를 가로, 도수를 세로로 하는 직사각형을 차례대로 그립니다.

다음은 소연이네 반 남학생과 여학생의 하루 컴퓨터 사용 시간을 각각 조사하여 나타낸 히스토그램입니다. 이 반의 남녀 전체 학생의 하루 컴퓨터 사용 시간에 대한 히스토그램은 아래 그림과 같습니다.

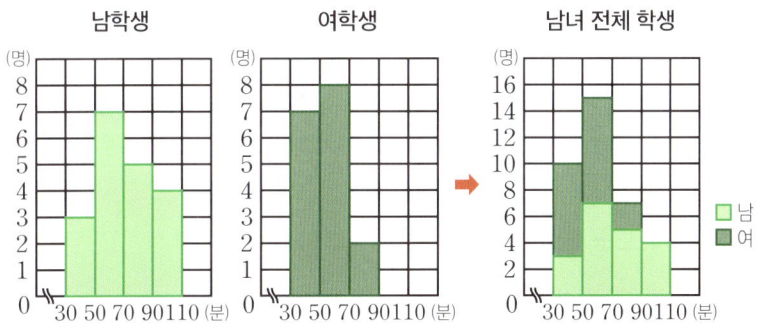

두 집단을 하나의 그래프로 나타낼 때 막대그래프와 비교하면 어떤 차이점이 있죠?

"막대그래프는 옆에 막대가 나란히 있었는데 히스토그램은 위에 쌓여 있어요."

맞습니다. 남녀 학생 전체를 대상으로 히스토그램을 그리려면 하나의 히스토그램에 쌓아서 그려야 하는 단점이 있습니다. 오른쪽 그림에서 컴퓨터를 하루 동안 30분 이상 50분 미만으로 사용하는 남학생의 수는 어떻게 되나요?

"음……. 여학생이 3명이고 전체가 10명이니 10-3으로 7명입니다."

정확합니다. 이렇게 두 집단을 비교해서 히스토그램을 그리면 도수를 일일이 다시 헤아리거나 두 도수를 빼야 하는 경우가 생깁니다. 따라서 남학생과 여학생의 컴퓨터 사용 시간을 함께 표현할 수 있지만 표를 읽는 데는 많은 번거로움이 있습니다. 이처럼 두 집단 이상의 히스토그램을 그리기가 곤란한 경우 도수분포다각형으로 비교할 수 있습니다.

준오네 반 학생들의 한 달 용돈에 대한 히스토그램을 다시 한 번 생각해 봅시다. 아래 그래프는 히스토그램에서 각 직사각형의 윗변의 중점을 차례로 선분으로 연결한 것입니다. 이때 양 끝은 도수가 0인 계급이 있는 것으로 생각하여 그 중점과 연결합니다.

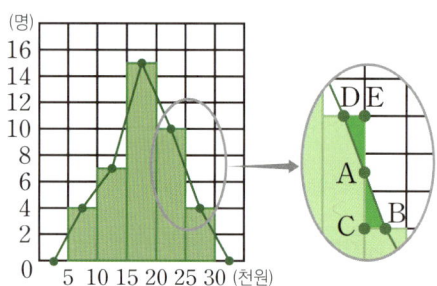

이와 같은 그래프를 도수분포다각형이라고 합니다. 히스토그램과 마찬가지로 도수분포다각형도 자료의 분포 상태를 한눈에 관찰할 수 있어서 자료 전체의 특징을 쉽게 알 수 있습니다. 위의 오른쪽 그림은 도수분포다각형에서 20000원 이상인 부분을 확대한 것입니다. 이때, 두 직각삼각형 ABC와 ADE에서 밑변 BC, DE의 길이와 높이 AC, AE의 길이가 각각 같으므로 두 직각삼각형의 넓이는 같습니다. 따라서 히스토그램에서 직사각형의 넓이의 합과 도수분포다각형과 가로축으로 둘러싸인 부분의 넓이는 같습니다.

그럼 다시 소연이네 반 남학생과 여학생의 하루 컴퓨터 사용 시간을 도수분포다각형으로 나타내 보겠습니다.

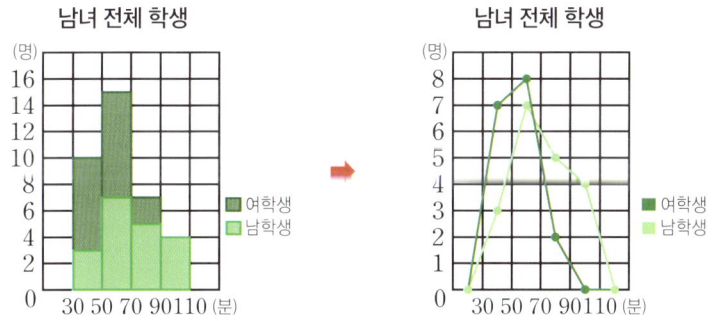

도수분포다각형에서 하루에 컴퓨터 사용 시간이 30분 이상 50분 미만인 남학생과 여학생은 각각 3명과 7명임을 쉽게 알 수 있습니다. 두 집단을 히스토그램에 나타내는 것보다 도수분포다각형으로 나타내면 각각의 계급에 해당하는 도수를 쉽게 알 수 있습니다. 그렇지만 하루 동안 컴퓨터 사용 시간이 70분 이상 90분 미만의 남녀 총 학생 수는 남학생과 여학생을 쌓아 올려 그래프로 나타낸 히스토그램이 도수를 더 쉽게 알 수 있습니다.

이번 시간에는 자료를 각각의 계급으로 나누어 도수를 표현하는 방식으로 도수분포표와 히스토그램, 도수분포다각형을 배웠습니다. 자료를 정리하여 표현할 때 어떤 경우에 이들 각각으로 나타내는 것이 효율적인가를 항상 생각해야 합니다. 다음 시간에는 전체에 대한 도수의 비율과 각 계급의 누적량에 관하여 공부하도록 합시다.

수업정리

❶ 빈도를 이용해서 자료를 정리하는 표에는 자료를 일정한 범위로 묶지 않고 하나하나의 빈도로 나타낸 빈도표와 자료를 구간으로 나누어 개수를 나타낸 도수분포표가 있습니다. 보통 도수분포표로 나타내는 자료는 구간척도나 비율척도에 의해 수집된 것입니다.

❷ 히스토그램은 도수분포표로 나타내는 것보다 자료의 분포 상태를 쉽게 알아볼 수 있습니다.

❸ 두 집단 이상의 히스토그램을 그리기가 곤란한 경우 도수분포다각형으로 비교할 수 있습니다.

6교시

상대도수와 누적도수를 활용한 자료의 표현

전체 자료에 대한 비율로 나타내면 어떤 장점이 있는지 알아봅니다. 또한 자료를 해석하고 집단끼리 비교하는 데 편리한 상대도수와 누적도수에 대해 알아봅니다.

수업 목표

1. 비율그래프의 특징을 알아봅니다.
2. 도수분포표와 상대도수분포표의 차이점을 알아봅니다.
3. 상대도수와 누적도수의 필요성을 알아봅니다.

미리 알면 좋아요

1. **백분율** 전체 수량을 100으로 하여 그것에 대해 가지는 비율.

2. **비율그래프** 전체에 대한 부분의 비율을 구하고 이것을 그래프로 나타낸 것.

3. **띠그래프** 길이를 이용하여 전체에 대한 부분의 양을 비율로 나타낸 비율그래프.

4. **원그래프** 중심각의 크기를 이용하여 전체에 대한 부분의 양을 비율로 나타낸 비율그래프.

5. **상대도수** 도수의 총합에 대한 각 계급의 도수의 비율.

6. **누적도수** 처음 계급부터 어떤 계급까지 각 계급의 도수를 차례로 더한 값.

아헨발의
여섯 번째 수업

아헨발과 아이들은 텔레비전 앞에 둘러앉았습니다. 텔레비전에서는 시청률 40%인 인기 드라마가 방영 중입니다. 아헨발이 이야기를 꺼냅니다.

드라마 시청률이나 선거 득표율과 같이 조사 대상이 많은 경우 자료의 개수보다 전체에 대한 비율에 관심을 가지는 경우가 많습니다. 다음 자료는 2007년 대통령 선거 결과입니다.

유권자	투표 참가자	투표율	유효 투표수
3765만 3518명	2373만 2854명	63.0%	2361만 2880표

후보	득표수	득표율
이명박	1149만 2389표	48.7%
정동영	617만 4681표	26.1%
이회창	355만 9963표	15.1%
문국현	137만 5498표	5.8%
권영길	71만 2121표	3.0%
……	……	……

    2007년 대통령 선거에서 유권자 수는 3765만 3518명이고 투표 참가자 수는 2373만 2854명입니다. 득표순으로 세 후보의 득표수를 알아보면 이명박 후보가 1149만 2389표, 정동영 후보가 617만 4681표, 이회창 후보가 355만 9963표를 얻었습니다. 이 중 이명박 후보가 최다 득표를 차지하여 대통령으로 당선되었습니다. 그런데 대통령 선거에서 후보에 대한 유권자의 득표수가 아니라 어떤 후보가 유권자로부터 과반수를 획득했는지 득표율을 고려할 수도 있습니다. 득표율을 생각하면 득표수와 같이 큰 수를 다루는 번거로움을 없앨 수 있습니다. 이처럼 전

체 자료의 대상이 너무 커서 빈도로 나타내는 것이 번거로울 때는 전체에 대한 비율로 자료를 나타내는 것이 효율적입니다.

전체에 대한 비율을 나타내는 가장 간단한 방법이 백분율입니다. 백분율은 전체 수량을 100으로 하여 그것에 대해 가지는 비율을 말합니다. 예를 들어 볼까요? 아래의 빈도표는 장미초등학교 학생 1200명의 혈액형을 조사한 것입니다.

혈액형	A형	B형	O형	AB형	계
학생 수(명)	420	360	300	120	1200

장미초등학교 학생은 A형 420명, B형 360명, O형 300명, AB형 120명입니다. 위의 표는 혈액형에 대한 빈도는 구했지만 전체에서 각각의 혈액형이 차지하는 비율은 알 수 없습니다.

전체 학생에 대한 A형인 학생의 비율을 백분율로 구하면 다음과 같습니다.

$$\frac{(A형인\ 학생\ 수)}{(전체\ 학생\ 수)} \times 100 = \frac{420}{1200} \times 100 = 35\%$$

A형인 학생의 비율을 구한 것과 같이 백분율로 위의 빈도표

를 다시 나타내 보겠습니다.

혈액형	A형	B형	O형	AB형	계
백분율(%)	35	30	25	10	100

위의 표는 빈도표보다 전체에서 각 혈액형이 차지하는 비율을 쉽게 알 수 있습니다.

비율을 나타낼 때는 표보다 그래프를 이용하는 경우 자료를 전달하는 데 효율적인 경우가 많습니다. 전체에 대한 부분의 양의 비율을 구하고 이것을 그래프로 나타낸 것을 비율그래프라고 합니다. 비율그래프는 그래프의 모양에 따라 띠그래프와 원그래프로 나뉩니다. 띠그래프는 길이를 이용하여 전체에 대한 부분의 양을 비율로 나타내는 비율그래프입니다. 장미초등학교 학생의 혈액형을 띠그래프로 나타내면 다음과 같습니다.

학생들의 혈액형

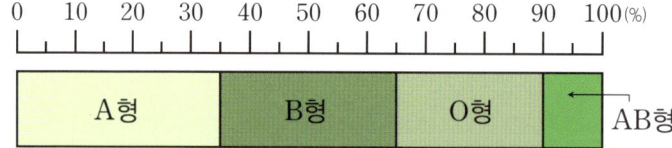

띠그래프를 그리는 순서

(1) 전체에 대한 각 부분의 비율을 구합니다.
(2) 전체 100%를 기준, 동일한 간격의 비율로 눈금을 가로로 그립니다.
(3) 눈금 아래에 띠 모양의 그래프를 그리고 각 부분의 비율에 해당하는 값을 누적하여 띠처럼 긋습니다.

원그래프는 중심각의 크기를 이용하여 전체에 대한 부분의 양을 비율로 나타내는 비율그래프입니다. 장미초등학교 학생의 혈액형을 원그래프로 나타내면 다음과 같습니다.

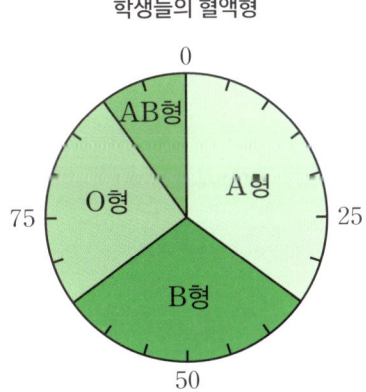

학생들의 혈액형

> **쏙쏙 이해하기**
>
> ### 원그래프를 그리는 순서
>
> (1) 전체에 대한 각 부분의 비율을 구합니다.
> (2) 원을 그린 후 전체 100%를 기준으로 동일한 간격으로 비율을 눈금으로 그립니다.
> (3) 각 부분의 비율에 해당하는 값을 0을 기준으로 하나씩 누적하여 긋습니다.

우리는 앞 시간에 수집된 자료가 많은 경우에는 자료를 적당한 계급으로 나누어 도수분포표로 나타내는 방법을 배웠습니다. 도수분포표로 표현된 자료 중 계급의 도수와 도수의 총합이 매우 큰 경우에는 각 계급의 도수를 비교하는 것보다 상대도수의 분포표를 만들어 각 계급의 도수가 전체에서 차지하는 비율을 비교하는 것이 더 편리합니다.

다음은 황령산 천문대를 관람한 4000명의 나이를 조사하여 나타낸 도수분포표입니다.

관람객의 나이(세)	사람 수(명)
10이상 ~ 20미만	1360
20 ~ 30	1040
30 ~ 40	720
40 ~ 50	560
50 ~ 60	240
60 ~ 70	80
합계	4000

황령산 천문대는 10대와 20대의 방문 비율이 50%가 넘으면 젊은 취향으로 리모델링을 할 계획이라고 합니다. 과연 황령산 천문대는 리모델링을 할 수 있을까요? 여러분 나름의 근거를 제시해 보세요.

준오가 말합니다.

"10대와 20대의 방문자 수는 1360명과 1040명인데…… 비율은 잘 모르겠어요. 계산하기 어려워요."

이진이가 이야기합니다.

"정확히 계산해 봐야 알겠지만 대략 10대와 20대의 방문자 수는 50%가 넘는 것 같은데요?"

왜 50%가 넘는다고 생각하나요?

"준오가 말한 것처럼 10대와 20대의 방문자 수를 합하면 2400명인데 총 방문자 수가 4000명이니까 50%가 넘어요."

맞습니다. 그럼 황령산 천문대를 관람한 사람들이 차지하는 비율을 백분율로 나타내 보겠습니다.

관람객의 나이(세)	백분율(%)
10이상 ~ 20미만	34
20 ~ 30	26
30 ~ 40	18
40 ~ 50	14
50 ~ 60	6
60 ~ 70	2
합계	100

→

관람객의 나이(세)	상대도수
10이상 ~ 20미만	0.34
20 ~ 30	0.26
30 ~ 40	0.18
40 ~ 50	0.14
50 ~ 60	0.06
60 ~ 70	0.02
합계	1

위와 같이 도수 대신에 도수의 총합에 대한 각 계급의 도수의 비율을 구하는 것이 자료의 특성을 더욱 잘 반영하는 경우도 있습니다. 보통 도수분포표에서 각 계급에 대한 도수의 비율을

구할 때 백분율보다는 상대도수의 개념을 사용합니다. 어떤 계급의 상대도수는 다음과 같은 방법으로 구합니다.

$$(\text{어떤 계급의 상대도수}) = \frac{(\text{그 계급의 도수})}{(\text{도수의 총합})}$$

상대도수분포표에서 알 수 있듯이 상대도수는 0 이상 1 이하인 수로 나타납니다. 또 상대도수분포표에서 상대도수의 합은 항상 1임을 알 수 있습니다. 물론 상대도수를 반올림하여 계산하였을 때는 상대도수를 합한 결과가 1이 아닐 수 있지만 그런 경우는 편의상 다루지 않습니다.

속속 이해하기

$$(\text{상대도수의 합}) = \frac{(\text{그 계급의 도수의 총합})}{(\text{도수의 총합})} = \frac{(\text{도수의 총합})}{(\text{도수의 총합})} = 1$$

도수분포표에서 각 계급에 해당하는 도수가 크고 복잡한 경우 보통 상대도수로 나타냅니다. 그리고 전체 도수가 다른 두 집단에 대하여 동일한 계급에서 자료를 분석하여 비교할 경우 상대도수분포표는 매우 유익합니다.

다음 상대도수분포표는 국화중학교 2학년 1반 학생과 새롬중학교 2학년 1반 학생들의 학업성취도 평가의 수학 성적을 조사하여 나타낸 것입니다. 이 시험에서 수학 점수를 80점 이상 받은 학생을 우수 학생이라고 합시다. 그렇다면 국화중학교와 새롬중학교 2학년 1반 중 어디가 상대적으로 우수 학생이 많다고 할 수 있나요?

점수(점)	국화중 2학년 1반		새롬중 2학년 1반	
	도수(명)	상대도수	도수(명)	상대도수
50이상 ~ 60미만	3	0.1	4	0.1
60 ~ 700	3	0.1	8	0.2
70 ~ 800	9	0.3	10	0.25
80 ~ 900	12	0.4	14	0.35
90 ~ 100	3	0.1	4	0.1
합계	30	1	40	1

준오가 대답합니다.

"도수를 이용해 두 학교 학생들의 성적을 비교하면 90점 이상 받은 학생은 국화중학교가 3명, 새롬중학교는 4명이므로 새롬중학교 학생이 더 많아요. 그리고 80점에서 90점 사이 점수를 받은 학생은 국화중학교가 12명, 새롬중학교가 14명이므로 새롬중학교 학생이 더 많지요. 그래서 새롬중학교가 국화중학교보다 80점 이상 받은 학생이 더 많기 때문에 새롬중학교에 상대적으로 우수 학생이 많습니다."

나름 일리가 있군요. 이진이는 어떻게 생각하나요?

"저는 그렇게 생각하지 않아요. 왜냐하면 국화중학교 2학년 1반 학생은 30명이고 새롬중학교 2학년 1반 학생은 40명이므로 총 도수가 달라요. 이 경우 각 계급의 도수를 직접 비교하는 것보다 상대도수를 비교하는 것이 더 바람직해요. 국화중학교에서 80점 이상 받은 학생의 상대도수는 0.5인데 새롬중학교에서 80점 이상 받은 학생의 상대도수는 0.45이므로 국화중학교에 상대적으로 우수 학생이 더 많다고 할 수 있습니다."

훌륭한 답입니다. 이진이가 말한 것처럼 두 집단을 비교할 때 전체 도수가 다른 경우 계급의 도수를 비교하는 것은 바람직하지 않습니다. 예를 들어 국제중학교 2학년 1반 학생은 10명이라고 합시다. 이 중 90점 이상 100점 미만이 3명이고 80점 이상 90점 미만인 학생이 7명이라면, 세 학교 중 80점 이상 학생이 10명으로 우수 학생이 가장 적지만 국제중학교 2학년 1반 학생 모두가 우수 학생임을 알 수 있습니다. 따라서 전체 도수가 다른 경우 도수보다 상대도수를 비교하는 것이 집단의 특성을 파악하는 데 도움이 됨을 알 수 있습니다.

도수분포표를 그래프로 나타내면 도수의 분포 상태를 쉽게 알 수 있듯이 상대도수분포표도 그래프로 나타내면 상대도수의 분포 상태를 쉽게 알 수 있습니다. 상대도수분포표를 그래프로 나타낼 때는 가로축에 각 계급의 양 끝값, 세로축에 상대도수를 써 넣어 히스토그램이나 도수분포다각형을 그리는 것과 같은 방법으로 그립니다.

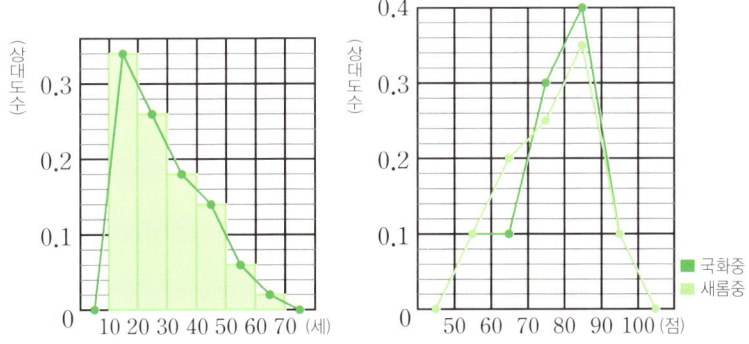

왼쪽 그래프는 황령산 천문대를 관람한 사람의 상대도수의 분포를 히스토그램과 상대도수분포다각형으로 나타낸 것입니다. 그리고 오른쪽 그래프는 국화중학교와 새롬중학교 2학년 1반 학생의 수학 성적에 대한 상대도수의 분포를 상대도수분포다각형으로 나타낸 것입니다. 도수분포다각형과 같이 상대도수분포다각형 또한 두 집단을 비교할 때 히스토그램보다 더 효율적입니다.

도수분포표에서 계급의 도수나 상대도수보다는 어느 계급 미만이나 이상에 속하는 자료의 도수를 알아보는 경우가 있습니다. 아래 자료는 소연이네 반 학생 40명의 일주일 동안의 독서 시간을 조사하여 나타낸 도수분포표입니다.

독서 시간(시간)	학생 수(명)
0이상 ~ 2미만	2
2 ~ 4	4
4 ~ 6	14
6 ~ 8	12
8 ~ 10	8
합계	40

여러분에게 질문을 하나 해 보겠습니다. 독서 시간이 6시간 미만인 학생은 모두 몇 명인가요? 준오가 답해 볼까요?

"0시간 이상 2시간 미만은 2명, 2시간 이상 4시간 미만은 4명, 4시간 이상 6시간 미만은 14명으로 총 20명입니다."

네, 정확합니다. 그럼 독서 시간이 8번째로 적은 학생은 어느 계급에 속합니까? 이번엔 이진이가 대답해 보세요.

"일주일 동안 독서량이 4시간 미만인 학생이 총 6명이고 6시간 미만인 학생은 6+14=20이므로 8번째로 독서량이 적은 학생은 4시간 이상 6시간 미만인 계급에 속합니다."

준오와 이진이가 말한 것처럼 도수분포표에서 독서 시간이 6시간 미만인 학생 수는 첫 번째 계급부터 세 번째 계급까지의 도수를 차례대로 더하여 구할 수 있습니다. 즉, 독서 시간이 6시간 미만인 학생 수는 $2+4+14=20$명입니다. 이와 같이 도수분포표에서 처음 계급부터 어떤 계급까지 각 계급의 도수를 차례대로 더한 값을 그 계급의 누적도수라고 합니다. 도수분포표에서 각 계급의 누적도수를 구하여 누적도수분포표를 만들면 아래와 같습니다.

독서 시간(시간)	학생 수(명)	누적도수(명)
0이상 ~ 2미만	2	2
2 ~ 4	4	6
4 ~ 6	14	20
6 ~ 8	12	32
8 ~ 10	8	40

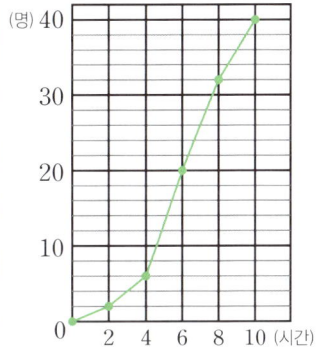

이와 같이 누적도수분포표를 만들면 독서 시간이 6시간 미만인 학생은 몇 명인지, 40명의 학생 중에서 독서 시간이 8번째로 적은 학생은 어느 계급에 속하는지 등을 쉽게 알 수 있습니다.

즉, 전체 자료 중에서 어떤 대상이 차지하는 위치를 알아볼 때 누적도수를 이용하면 편리합니다. 또한 마지막 계급의 누적도수 40은 학생 수의 총합과 같습니다. 도수분포표나 상대도수분포표와 같이 누적도수분포표도 그래프로 나타내면 누적도수의 분포 상태를 쉽게 알 수 있습니다. 위의 그래프는 누적도수의 분포를 다음과 같은 순서로 나타낸 것입니다.

누적도수분포의 그래프를 그리는 순서

(1) 가로축에 각 계급의 양 끝값, 세로축에 누적도수를 써넣습니다.
(2) 처음 계급의 작은 쪽의 끝 값과 0을 순서쌍으로 하는 점을 찍습니다.
(3) 각 계급의 큰 쪽의 끝값과 그 계급의 누적도수를 순서쌍으로 하는 점을 찍습니다.
(4) 각 점을 차례대로 선분으로 연결합니다.

위의 그래프는 자료를 크기가 작은 것부터 차례대로 나타냈으므로 독서 시간이 적은 쪽에서부터 몇 번째인 학생의 독서 시간을 대략적으로 아는 데 편리합니다. 예를 들어, 독서 시간이 8번째로 적은 학생의 독서 시간은 4시간 이상 6시간 미만입니다. 어떤 계급의 누적도수는 처음 계급부터 그 계급까지의 도수를 더한 값이므로 그래프를 그릴 때 각 계급의 오른쪽 끝점을 연결하면 됩니다. 이는 도수분포다각형이나 상대도수분포다각형과 다른 점입니다. 그리고 처음 계급의 누적도수는 그 계급의 도수와 같고, 마지막 계급의 누적도수는 도수의 총합과 같습니다. 마지막으로 간단한 질문 하나 할까요? 왜 도수분포표와 상대도수분포표를 그래프로 나타낸 것은 다각형이라고 하는데 누적도수분포표를 그래프로 나타낸 것은 그래프라고 할까요?

"생긴 모양이 다각형이 아니잖아요. 위로 쭉 올라가서 열려 있는데……."

네, 맞습니다. 가로축을 기준으로 도수분포다각형과 상대도수분포다각형은 닫혀 있는 모양인데 누적도수분포그래프는 누적량을 나타내기 때문에 열려 있는 모양입니다. 그래서 우리는 누적도수분포그래프라고 부릅니다. 알겠죠?

이번 수업에서는 변량의 개수가 크거나 총 도수가 다른 두 집단을 비교할 때 편리한 상대도수분포표와 자료 전체 중에서 어떤 대상이 차지하는 위치를 알아볼 때 편리한 누적도수분포표에 대하여 배웠습니다. 우리는 지금까지 자료를 표현하는 다양한 방법을 배웠습니다. 자료를 표현하는 가장 좋은 방법은 하나로 정해진 것이 아니라 자료의 특성에 따라 가장 잘 표현할 수 있는 방법을 선택해야 한다는 것을 잊어서는 안 될 것입니다. 다음 시간에는 자료의 특성을 표나 그래프가 아니라 하나의 수로 표현하는 방법을 배우도록 하겠습니다.

수업 정리

❶ 전체 자료의 대상이 너무 많아 빈도로 나타내는 것이 번거로울 때는 전체에 대한 비율로 자료를 나타내는 것이 바람직합니다.

❷ 도수분포표로 표현된 자료 중 계급의 도수와 도수의 총합이 매우 큰 경우에는 각 계급의 도수를 비교하는 것보다 상대도수분포표를 만들어 각 계급의 도수가 전체에서 차지하는 비율을 비교하는 것이 더 편리합니다.

❸ 전체 도수가 다른 두 집단에 대하여 동일한 계급에서 자료를 분석하여 비교할 경우 상대도수분포표는 매우 유익합니다.

❹ 전체 자료 중에서 어떤 대상이 차지하는 위치를 알아볼 때 누적도수를 이용하면 편리합니다.

7교시

여러 가지 평균을 활용한 자료의 분석

자료의 특성에 따라 다양한 평균을 활용하여 자료를 해석할 수 있습니다. 여러 가지 평균의 특징과 그 차이를 알아봅니다.

수업 목표

1. 여러 가지 평균을 구해 봅니다.
2. 여러 가지 평균의 차이를 알아봅니다.

미리 알면 좋아요

1. **대푯값** 자료의 특성을 하나의 숫자로 대표할 수 있는 값.

2. **평균** 자료의 총합을 자료의 개수로 나눈 값.

3. **이상치** 자료에서 아주 크거나 아주 작은 값.

4. **가중치** 평균을 계산할 때 개별값에 부여되는 중요도.

5. **가중평균** 각각의 값에 가중치가 부여된 평균.

6. **기댓값** 평균을 각각의 수에 대한 기대 확률로 구한 값.

7. **기하평균** 두 수의 비율에 대한 평균.

아헨발의
일곱 번째 수업

 지금까지 우리는 자료를 표현하는 방식으로 표와 그래프를 살펴보았습니다. 표와 그래프는 자료 내에서의 관계, 패턴, 경향 등을 찾아낼 수 있는 시각적인 수단을 제공합니다. 이번 시간에는 표와 그래프로 표현된 자료의 특성을 수로 나타내어 비교하는 방법을 살펴보기로 하겠습니다.

 집단의 특성을 설명하기 위해서는 집단에서 얻은 자료의 특성을 하나의 숫자로 대표할 수 있는 값이 필요합니다. 이와 같이 자료를 대표하는 값을 **대푯값**이라 하는데 일반적으로 가장 많이 사용하는 것이 평균입니다. 평균은 수집된 자료의 총합을 자료의 개수로 나눈 값을 말합니다.

$$(평균) = \frac{(자료의\ 총합)}{(자료의\ 개수)}$$

다음은 이진이네 반 남학생들의 몸무게를 조사하여 나타낸 것입니다.

몸무게 (단위 : kg)

36	52	42	43	45
44	48	46	57	47

이진이네 반 남학생들의 몸무게의 평균을 계산하면,

$$\frac{36+52+42+43+45+44+48+46+57+47}{10} = \frac{460}{10}$$
$$= 46 \text{kg}$$

이와 같이 몸무게를 변량으로 나타낼 수도 있지만 계급을 정해서 도수분포표로 나타낼 수도 있습니다. 아래의 표는 위의 자료를 35kg을 시작으로 하여 계급의 크기가 5kg인 도수분포표로 나타낸 것입니다.

몸무게(kg)	도수(명)	계급값	(계급값)×(도수)
35이상 ~ 40미만	1	37.5	37.5×1=37.5
40 ~ 45	3	42.5	42.5×3=127.5
45 ~ 50	4	47.5	47.5×4=190
50 ~ 55	1	52.5	52.5×1=52.5
55 ~ 60	1	57.5	57.5×1=57.5
합계	10	237.5	465

도수분포표를 이용하여 학생들의 몸무게의 평균을 구해 봅시다. 도수분포표에서는 각 계급에 속하는 실제 남학생의 몸무게를 정확히 알 수 없으므로 변량 대신 각 계급의 중앙값인 계급값을 이용하여 평균을 구합니다. 위의 표에서 35kg 이상 40kg 미만인 계급의 계급값은 $\frac{35+40}{2}=37.5$kg이므로 이 계급에 속하는 남학생의 몸무게의 총합은 (계급값)×(도수)=37.5×1=37.5kg입니다. 같은 방법으로 도수분포표에서 남학생의 평균

을 구하면 다음과 같습니다.

$$\frac{37.5 \times 1 + 42.5 \times 3 + 47.5 \times 4 + 52.5 \times 1 + 57.5 \times 1}{10}$$
$$= \frac{465}{10} = 46.5 \text{kg}$$

앞의 내용을 정리하면 도수분포표에서의 평균은 다음과 같이 구할 수 있습니다.

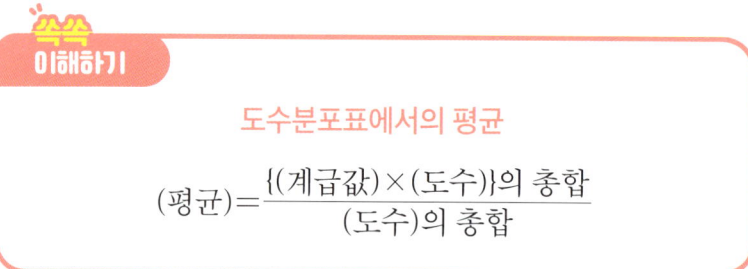

도수분포표에서의 평균

$$(평균) = \frac{\{(계급값) \times (도수)\}의\ 총합}{(도수)의\ 총합}$$

그런데 변량으로 구한 이진이네 반 남학생 몸무게의 평균은 46kg인데 도수분포표에서 구한 평균은 46.5kg입니다. 왜 이런 일이 일어나는 것일까요?

"정말 이상해요. 하나는 변량에 대한 평균이고 하나는 도수분포표에 대한 평균인데……. 같은 자료로 평균을 구했는데 어떻게 다를 수 있죠?"

　도수분포표에서 구한 평균은 실제 변량의 평균과 다를 수 있습니다. 그러므로 자료의 대략적인 평균이라는 의미를 가집니다. 잘 이해가 되지 않는다고요? 쉽게 이야기하면 변량을 도수분포표로 나타내는 순간 자료의 원래 값은 알 수 없고 단지 변량이 해당하는 계급만 알 수 있습니다. 도수분포표에서 몸무게가 40kg 이상 45kg 이하인 사람은 3명입니다. 도수분포표만 봤을 때 이 3명의 대략적인 몸무게는 알 수 있지만 정확한 값은 알 수 없습니다. 따라서 평균도 구하지 못하겠죠. 그래서 40kg 이상 45kg 미만인 사람 3명의 몸무게를 대략적인 값인 42.5kg 이라고 가정하는 것입니다.

대략적인 값을 아무렇게나 정해도 되냐고요? 물론 마음대로 정한 것은 아닙니다. 42.5kg은 계급의 중앙값입니다. 여러분에게 소개하지는 않았지만 자료의 중앙값도 대푯값 중 하나입니다. 즉, 40kg 이상 45kg 미만에 속하는 3명의 몸무게를 알 수 없기 때문에 계급을 대표하는 값으로 우리는 중앙값을 선택한 것입니다. 이제 이해가 되나요? 이렇게 계급의 중앙값을 변량으로 하여 구한 평균은 자료가 많은 경우 원자료를 변량으로 구한 평균과 거의 일치합니다. 사실 위에서도 변량으로 구한 평균이 46kg이고 도수분포표로 구한 평균이 46.5kg로 평균이 비슷하다는 것을 알 수 있습니다.

평균은 계산하기에 편하고 자료 하나하나의 크기를 모두 반영해서 구하므로 자료에 포함되어 있는 정보를 모두 반영한다는 장점이 있습니다. 반면에 자료에서 아주 크거나 작은 값인 이상치가 포함되어 있는 경우 이런 값들에 직접적인 영향을 받게 됩니다. 다음의 표는 5명의 학생이 지난달 사용한 휴대폰 요금입니다.

	이진	준오	소연	태우	상민	평균
요금(원)	28000	22000	26000	27000	27000	26000

 이진, 준오, 소연, 태우, 상민이의 휴대폰 요금의 평균은 26000원입니다. 이 5명의 학생에 재훈이를 포함하여 휴대폰 요금의 평균을 구해 보겠습니다. 그런데 재훈이는 지난달에 휴대폰로 인터넷과 온라인 게임을 많이 사용하였습니다. 그래서 지난달 휴대폰 요금이 170000원이 나왔습니다. 위의 5명의 휴대폰 요금에 재훈이의 휴대폰 요금을 넣어 평균을 구하면 학생들의 평균이 어떻게 달라질까요?

	이진	준오	소연	태우	상민	재훈	평균
요금(원)	28000	22000	26000	27000	27000	170000	50000

 학생들의 휴대폰 요금의 평균이 26000원에서 재훈이 한 명에 의해 50000원으로 바뀌었습니다. 그러나 실제로 학생들이 사용한 휴대폰 요금은 재훈이를 제외하고 어느 누구도 30000원이 넘는 사람이 없습니다. 이때 재훈이가 사용한 휴대폰 요

금을 이상치라고 합니다. 다른 친구들에 비해서 이상한 값이라는 의미입니다. 이렇게 평균은 이상치에 민감하게 반응하므로 평균을 모든 자료의 대푯값으로 내세우기는 한계가 있습니다. 그래서 우리는 새롭게 중앙값과 최빈값을 고려하게 됩니다. 이번 시간에는 중앙값과 최빈값보다 평균에 관해서 다양한 내용을 다뤄 보겠습니다.

여러분에게 이상한 주사위 하나를 소개하겠습니다. 이 주사위는 1부터 6까지 동일하게 하나의 면을 차지하는 보통의 것과는 다르게 각 면이 1, 1, 2, 3, 4, 4로 구성되어 있는 좀 특이한 주사위입니다. 이 주사위는 주사위의 눈에 중요한 정도를 포함한 가중치를 부여한 것입니다. 이러한 주사위를 가중 주사위라고 합니다. 그러면 가중 주사위를 던져서 나온 눈의 값은 평균적으로 얼마가 나올까요?

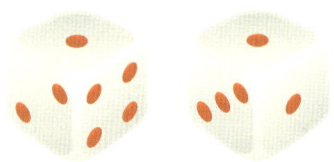

일반 주사위의 눈 1, 2, 3, 4, 5, 6이 나올 확률은 각각 동일하

게 $\frac{1}{6}$입니다. 그러나 가중 주사위의 눈 1, 1, 2, 3, 4, 4가 나올 확률은 각각 1이 $\frac{2}{6}$, 2가 $\frac{1}{6}$, 3이 $\frac{1}{6}$, 4가 $\frac{2}{6}$입니다. 일반 주사위는 눈이 1, 2, 3, 4, 5, 6이므로 주사위를 던졌을 때 주사위의 눈이 평균적으로 $\frac{1+2+3+4+5+6}{6} = 3.5$가 나옵니다. 그러나 가중 주사위의 눈은 1, 1, 2, 3, 4, 4이므로 주사위를 던졌을 때 주

아헨발의 일곱 번째 수업

사위의 눈이 평균적으로 $\frac{1+1+2+3+4+4}{6}=2.5$가 나옵니다. 이를 확률로 계산하면 일반 주사위의 평균과 가중 주사위의 평균은 다음과 같습니다.

일반 주사위 :
$$1\times\frac{1}{6}+2\times\frac{1}{6}+3\times\frac{1}{6}+4\times\frac{1}{6}+5\times\frac{1}{6}+6\times\frac{1}{6}=3.5$$
가중 주사위 :
$$1\times\frac{2}{6}+2\times\frac{1}{6}+3\times\frac{1}{6}+4\times\frac{2}{6}=2.5$$

이렇게 각각의 값에 가중치가 부여된 평균을 가중평균이라 합니다.

우리는 일반 주사위를 던질 때 평균적으로 3.5라는 값을 기대하고 가중 주사위를 던질 때 평균적으로 2.5라는 값을 기대합니다. 이렇게 평균을 각각의 수에 대한 기대 확률로 구한 값을 우리는 기댓값이라 부릅니다. 여러분의 부모님 중 대박을 꿈꾸며 복권을 사는 분이 있습니까? 복권에 당첨되는 것이 얼마나 어려운 일인지 복권을 1장 샀을 때 당첨금에 대한 기댓값을 한번 구해 보겠습니다. 시중에서 유통되는 복권 중 가장 잘

팔리는 복권 2개에 대한 기댓값을 각각 구해 보겠습니다. 계산이 약간 복잡하니 계산기를 활용하겠습니다.

팝콘 복권

	당첨금	당첨 확률
1등	5억원	450만분의 1
2등	1억원	225만분의 1
3등	1000만원	112만 5000분의 1
4등	100만원	10만분의 1
5등	50만원	1만분의 1
6등	2000원	33분의 1
7등	1000원	3.3분의 1

로또 복권 ※당첨금은 최근 10회 평균

	당첨금	당첨 확률
1등	20억 6619만원	814만분의 1
2등	6087만원	135만분의 1
3등	141만원	3만 6000분의 1
4등	5만 8000원	733분의 1
5등	5000원	45분의 1

자료 : 각 복권사업자

팝콘 복권과 로또 복권은 1장당 가격이 1000원입니다. 당첨금과 당첨 확률은 위의 표와 같습니다. 팝콘 복권의 기댓값을 계산해 봅시다.

$$5억 \times \frac{1}{450만} + 1억 \times \frac{1}{225만} + 1천만 \times \frac{1}{112만 5천} +$$
$$100만 \times \frac{1}{10만} + 50만 \times \frac{1}{1만} + 2천 \times \frac{1}{33} + 1천 \times \frac{1}{3.3}$$
$$= 111 + 44 + 9 + 10 + 50 + 60 + 303 = 587원$$

아헨발의 일곱 번째 수업

계산 결과를 보면 복권 1장을 1000원을 주고 샀을 때 평균적으로 413원을 잃은 것이 됩니다. 여러분이 가장 잘 알고 있는 로또 복권의 기댓값도 마찬가지일 것입니다. 로또 복권의 기댓값을 계산하면 다음과 같습니다.

$$20억\,6619만 \times \frac{1}{814만} + 6087만 \times \frac{1}{135만} +$$
$$141만 \times \frac{1}{3만\,6000} + 5만\,8천 \times \frac{1}{733} + 5천 \times \frac{1}{45}$$
$$= 254 + 45 + 39 + 79 + 111 = 528원$$

로또 복권의 기댓값이 팝콘 복권의 기댓값과 비슷한 것을 알 수 있습니다. 위의 표를 비교해 보면 팝콘 복권은 로또 복권에 비하여 당첨금이 낮은 반면 당첨 확률은 높다는 것을 알 수 있습니다. 여러분은 복권의 비밀을 알았으니 커서 복권을 살 일은 없겠죠?

다시 평균에 관한 이야기를 해 보겠습니다. 일반적으로 우리가 사용하는 평균을 산술평균이라고 합니다. 그런데 산술평균이 적용되지 않는 경우도 있습니다. 내가 사는 마을은 공기도 좋고 물도 맑은 곳입니다. 2년 전만 해도 마을 인구는 50명뿐이었습니다. 그러던 것이 1년이 지나자 인구가 100명으로 늘었습니다. 차차 주변이 개발되고 도로가 생기는 바람에 1년이 흐른 지금은 인구가 무려 800명으로 늘었습니다. 그래서 요즈음은 마을이 온통 정신이 없습니다.

그런데 50명이던 인구가 1년 후에 100명으로, 또 1년 후에 800명으로 늘었으면, 도대체 1년에 평균 몇 배 늘어난 셈입니까? 처음 1년은 50명에서 100명으로 2배 늘었고 그다음 1년은 100명에서 800명으로 8배 늘었습니다. 이를 산술평균으로 구하면 $\frac{2+8}{2}=5$, 즉 5배입니다. 1년에 평균적으로 인구가 5배씩 늘어난 것이라면 처음 1년이 지나면 50명에서 인구가 5배 늘어 250명으로 다시 1년이 지나면 인구가 5배 늘어 1250명이 되어야 합니다. 하지만 2년 뒤 이 마을의 인구는 800명이므로 평균을 위와 같은 방식으로 구해선 안 된다는 것을 알 수 있습니다.

평균을 다시 구해 보면 처음 1년은 50명에서 100명으로 2배 늘었고 그다음 1년은 100명에서 800명으로 8배 늘었습니다. 즉, 2년 동안 인구는 총 2×8=16으로 16배 늘었습니다. 그러면 평균적으로 1년에 각각 4배, 4배씩 인구가 늘어나면 2년 동안 총 16배 늘어나게 됩니다. 이처럼 두 수의 비율에 대한 평균을 기하평균이라고 합니다.

산술평균이 적용되지 않는 또 다른 예를 들어 보겠습니다. 서울에서 대전까지 거리가 150km이고 대전에서 대구까지 거리도 150km라고 합니다. 자동차로 서울에서 대전까지 80km/h의 속력으로 가고 대전에서 대구까지 120km/h의 속력으로 갔다면 서울에서 대구까지 가는 평균속력은 얼마일까요?

$$시간 = \frac{거리}{속력}, \ 속력 = \frac{거리}{시간}, \ 거리 = 속력 \times 시간$$

　서울에서 대구까지 가는 평균속력을 산술평균으로 구하면 $\frac{80+120}{2}=100$km/h 입니다. 서울에서 대구까지 100km/h의 속력으로 간다고 하면 총 거리가 300km이므로 소요 시간은 $\frac{300}{100}=3$시간입니다. 그런데 서울에서 대전까지 80km/h의 속력으로 가고 대전에서 대구까지 120km/h의 속력으로 간다면 서울에서 대구까지 가는 데 소요되는 시간은 $\frac{150}{80}+\frac{150}{120}=\frac{25}{8}$ $=3\frac{1}{8}$시간이므로 3시간 7분 30초입니다. 이 경우에도 산술평균이 적용되지 않습니다. 따라서 평균속력은 $300 \div \frac{25}{8} = 300 \times \frac{8}{25} = 96$km/h입니다. 이와 같은 속력의 평균을 조화평균이라고 합니다.

위에서 공부한 산술평균, 기하평균, 조화평균을 기호로 표현하면 다음과 같은 부등식을 만족합니다.

> **쏙쏙 이해하기**
>
> 양수 a, b에 대하여 $\frac{a+b}{2} \geq \sqrt{ab} \geq \frac{2ab}{a+b}$를 만족합니다.
> 단, 등호는 $a=b$일 때 성립합니다.
> 이때, $\frac{a+b}{2}$를 a와 b의 산술평균, $\sqrt{ab}$를 기하평균,
> $\frac{2ab}{a+b}$를 조화평균이라고 합니다.

산술평균은 항상 기하평균보다 크거나 같고 기하평균은 항상 조화평균보다 크거나 같습니다. 기호로 표현한 것이 어렵습니까? 이들 사이의 관계를 엄밀히 증명하는 것은 생략하고 그

림으로 살펴보겠습니다.

 아래의 그림은 중심이 O인 원에 지름 AB를 한 변으로 하는 삼각형이 내접하고 있습니다. 선분 AQ의 길이를 a라 하고 선분 BQ의 길이를 b라고 하면, 선분 OH의 길이는 $\frac{a+b}{2}$이고 선분 PQ의 길이는 $\sqrt{ab}$입니다. 원주 위의 점 P를 움직여 보면 항상 선분 PQ의 길이는 선분 OH의 길이보다 작거나 같습니다. 이를 식으로 표현하면 $\frac{a+b}{2} \geq \sqrt{ab}$로 나타낼 수 있습니다.

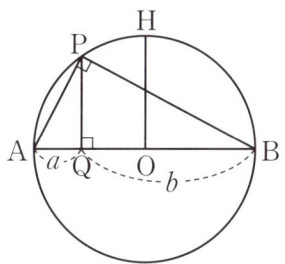

 산술, 기하, 조화평균의 관계를 원을 이용하여 보일 수 있습니다. 중심이 O인 원의 지름의 양 끝 A, B에 대하여 반직선 AB의 연장선 위의 한 점을 M이라 할 때, 점 M에서 원의 위부분에 그은 접선이 원과 만나는 점을 G, 점 G에서 선분 OB에 내린 수선의 발을 H라고 합시다. 선분 AM의 길이를 a, 선분 BM의 길이를 b라 하면 선분 OM의 길이는 $\frac{a+b}{2}$이고 선분 GM의 길이는 $\sqrt{ab}$이고 선분 HM의 길이는 $\dfrac{2ab}{a+b}$입니다.

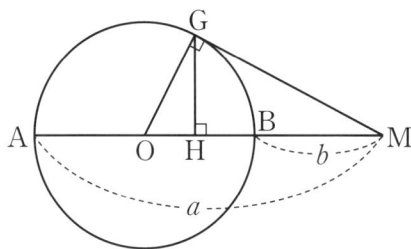

그림에서 알 수 있는 바와 같이 선분 HM의 길이보다 선분 GM의 길이가 길고 선분 GM의 길이보다 선분 OM의 길이가 길다는 것을 알 수 있습니다. 따라서 $\dfrac{a+b}{2} \geq \sqrt{ab} \geq \dfrac{2ab}{a+b}$가 성립합니다.

이번 시간에는 평균, 가중평균, 산술평균, 기하평균, 조화평균에 관해 이야기하였습니다. 실생활에서 활용되는 범위에 따라 적당한 평균을 선택하여 값을 구하는 것이 바람직하다는 것을 여러분도 깨달았을 것입니다. 통계는 잘 알고 쓰면 유익하지만 모르고 쓰면 해가 되고 본인이 의도하는 값과 전혀 다른 의미를 나타내기도 합니다. 여러분도 열심히 공부해서 나와 같이 훌륭한 통계학자가 되었으면 합니다.

학생들에게 휴대폰은 필수?

시대마다 달라지는 부富의 상징

10세에 즉위하여 18세의 젊은 나이에 죽은 소년 왕 투탕카멘고대 이집트의 왕. 1922년 그의 무덤이 발굴되었을 때, 거기에 부장된 엄청난 보물 때문에 온 세계가 떠들썩했다. 그 부장품무덤에 함께 묻는 물건 가운데 특이한 것은 석고로 만든 향수 담는 항아리였다.

3,000여 년이나 지난 발견 당시까지 은은한 향기가 남아 있어 사람들을 놀라게 했는데, 왕의 무덤에 부장된 것으로 보아 당시엔 향수가 귀중품이었음을 짐작할 수 있다.

향수가 한때 부의 상징이었듯 전화와 TV가 우리나라에서 부의 상징이던 때가 있었다. 1960년대만 해도 집에 전화가 있는 가정은 매우 드물었다. 흑백 TV를 가진 집도 드물었다. 한 마을에 한두 집 있을까 말까 한 정도였으니까. 일부 부잣집만 전화와 TV를 함께 가지고 있었기 때문에 전화와 TV는 부의 상징이 되었다.

이것은 1960년대의 전화 보급률 통계를 보아도 알 수 있다.

1960년의 전화 보급률은 0.3%로, 1,000명 중 3명만이 전화를 가지고 있었던 셈이다. 그러나 요즘은 전화와 TV가 없는 집이 거의 없으므로 전화나 TV는 이제 우리나라에서 부의 상징이 아니다.

중고등학생들이 휴대폰을 갖게 된 배경

우리나라에 휴대폰이 처음 등장한 때는 약 23년 전인 1984년이었다. 당시에는 웬만한 부자가 아니면 휴대폰을 가질 수 없었다. 가격이 331만 원이나 했기 때문이다. 그래서 당시 휴대폰은 부의 상징이었다. 그런 사정이었으니 당시에 학생들이 휴대폰을 가진다는 것은 상상도 할 수 없는 일이었다.

그러던 것이 최근에는 중고등학교 학생들까지도 휴대폰을 가지게 되었다. 일반인을 대상으로 서비스가 시작된 1984년에 휴대폰을 가진 사람은 전국에 겨우 2,730여 명에 불과했는데, 2006년에는 4020만 명에 육박한다. 우리나라 인구 100명당 83.2명이 휴대폰을 가지고 있는 셈이다. 이제 휴대폰은 우리나라에서 더는 부의 상징이 아니다.

그러면 어떻게 중고등학생들까지도 휴대폰을 갖게 되었을

까? 물론 학생들이 갖기를 원했고, 부모들이 사 주었기 때문이다. 하지만 중요한 것은 그게 아니라 어떻게 학생들이 휴대폰을 사 달라고 조를 수 있었으며, 부모들은 기꺼이 사 줄 수 있게 되었는가 하는 점이다.

두 가지 요인으로 설명이 가능할 것이다.

첫째, 휴대폰 가격이 많이 하락하여 예전처럼 비싸지 않다는 점을 들 수 있다. 휴대폰이 처음 나왔던 1984년처럼 가격이 331만 원이라면 학생들이 감히 사 달라고 조를 수 있었을까? 그리고 자식이 조른다고 부모가 사 줄 수 있었을까?

하지만 요즘은 휴대폰 가격이 20만 원에서 60만 원 선으로 초창기에 비해 훨씬 싸졌다. 물론 조건을 부여하지만 공짜폰도 있고 말이다. 이렇게 가격은 하락하고 품질은 향상된 것이 학생들이 휴대폰을 많이 가지게 된 배경이라고 할 수 있다.

일반적으로 제품의 가격이 낮아지면 사람들은 그것을 더 사게 되고, 가격이 높아지면 덜 사게 된다. 이를 경제학에서는 '수요의 법칙'이라고 한다. 말하자면 중고등학생들까지도 휴대폰을 갖게 된 것은 바로 '수요의 법칙'이 작용한 결과라고 할 수 있다.

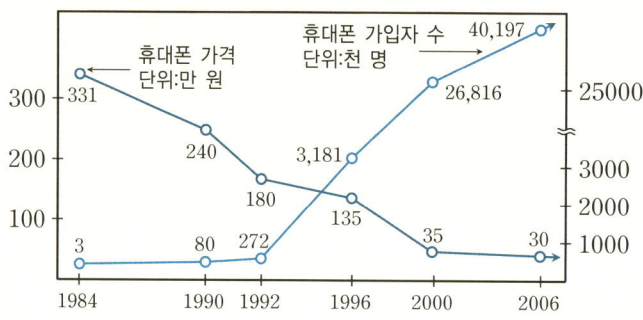

자료 : 정보통신부
휴대폰 가격은 모토로라 제품 기준

둘째, 우리나라 가정의 형편이 과거보다 많이 좋아졌다. 휴대폰이 등장한 초창기에는 가격도 엄청나게 비쌌지만, 우리 국민들이 그 가격을 치르고 휴대폰을 구입할 만큼 잘살지도 못했다. 그러니 소수의 부자만이 가질 수 있었던 것이다. 물론 휴대폰 가격과 통화료가 지금도 만만한 건 아니지만, 요즘은 사람들의 살림살이가 과거보다 훨씬 나아져 그 정도는 충분히 감당할 만하다. 이 또한 통계 자료로 살펴보면 더욱 분명하게 알 수 있다.

1인당 국민소득_{국민 한 사람이 1년 동안에 벌어들인 소득}이 1984년에는 2,257달러에 불과했지만 2006년에는 18,372달러로 1984년에 비해 8.1배가 늘어났다. 그래서 자녀에게 휴대폰을 사 줄 만한 경제적 여력이 생긴 것이다.

편리한 휴대폰, 사용 예절도 필요

휴대폰이 대대적으로 보급되면서 이젠 휴대폰으로 인한 교통사고 증가, 공공장소에서의 소음 발생 증가 등이 사회 문제로 대두되고 있다. 그 결과, 운전 중 휴대폰 사용과 공공장소에서의 휴대폰 사용을 규제해야 한다는 목소리가 커지고 있다. 그러나 규제에 앞서 더불어 사는 사회가 될 수 있도록 우리 스스로 삼갈 줄 아는 시민 의식을 발휘해야 할 것이다.

자료 출처 : 통계청 홈페이지, 통계 이야기

수업 정리

❶ 평균은 계산하기에 편하고 자료 하나하나의 크기를 모두 반영해서 구하므로 자료에 포함된 정보를 모두 반영한다는 장점이 있습니다. 반면에 자료에서 아주 크거나 작은 값인 이상치가 포함되는 경우 그에 민감하게 반응합니다.

❷ 일반적으로 우리가 사용하는 평균을 산술평균이라 합니다. 산술평균은 두 수의 비율에 대한 평균, 속력의 평균과 같은 경우에는 적용되지 않습니다. 그리고 산술평균은 항상 기하평균보다 크거나 같고 기하평균은 항상 조화평균보다 크거나 같습니다.